教师课题研究系统教程

林 婧 / 著

教师如何做课题研究

全真案例、实用模板与实操指南

中国水利水电出版社
www.waterpub.com.cn
·北京·

内 容 提 要

教育课题研究的终极目标是总结学术思考的成果，改进教育现状，促进教育发展。很多从事教育工作的读者希望参与课题研究，但又觉得课题研究很难，不知从何入手。本书紧密结合读者需求，引领读者从 0 到 1，掌握课题研究的全过程，并且提供全真案例、实用模板与实操指南。

本书适合中小学教师、师范院校师生阅读和使用。当然，任何对教育课题研究感兴趣的读者也可以通过阅读本书了解相关信息。

图书在版编目（CIP）数据

教师如何做课题研究：全真案例、实用模板与实操指南 / 林婧著 . -- 北京：中国水利水电出版社，2025.
6. -- ISBN 978-7-5226-3386-2

Ⅰ . G632.0-3

中国国家版本馆 CIP 数据核字第 2025ME8076 号

书　　名	教师如何做课题研究：全真案例、实用模板与实操指南 JIAOSHI RUHE ZUO KETI YANJIU：QUANZHEN ANLI、SHIYONG MUBAN YU SHICAO ZHINAN
作　　者	林婧　著
出版发行	中国水利水电出版社 （北京市海淀区玉渊潭南路 1 号 D 座　100038） 网址：www.waterpub.com.cn E-mail：zhiboshangshu@163.com 电话：（010）62572966-2205/2266/2201（营销中心）
经　　售	北京科水图书销售有限公司 电话：（010）68545874、63202643 全国各地新华书店和相关出版物销售网点
排　　版	北京智博尚书文化传媒有限公司
印　　刷	河北文福旺印刷有限公司
规　　格	170mm×230mm　16 开本　16.75 印张　273 千字
版　　次	2025 年 6 月第 1 版　2025 年 6 月第 1 次印刷
印　　数	0001—3000 册
定　　价	69.00 元

凡购买我社图书，如有缺页、倒页、脱页的，本社营销中心负责调换

版权所有·侵权必究

自 序

课题研究已成教育的趋势，做任何事都可以用课题研究的思维来思考。简单来说，教师都会遇到问题，遇到问题之后思考怎么解决问题，通过不断假设、比较、分析，进行有计划的尝试，最终解决问题并总结经验的过程，就是课题研究的思考过程。

我是一名受益于课题研究的青年骨干教师。一路走来，我经历过初入职场的热情澎湃，也经历过努力却没有方向的迷茫，最终是课题研究让我对教育事业的热爱落到了实处。我感谢课题研究，也热爱课题研究，希望把对课题研究的理解分享给更多的教育工作者，让渴望寻找工作价值的同仁可以实现自己的愿望。

感谢一路走来各位前辈的薪火相传，让我初识课题，参与课题，主持参与多项省市课题，在课题研究这条路上，我还将继续努力探索。在这个阶段撰写本书，是我对现有认知的一个总结，我想将阶段性的成果和经验分享给想要了解课题研究的同仁，帮助大家尽快地入门课题写作，申请课题成功的同仁也可以参考本书提前进行结题准备。

集体教学智慧需要优质论文来传播和传承。科研论文的写作过程也是科学思维的训练过程，课题研究更是集体学术成果和教学能力的积累。每一名教师都需要时时思考怎样改进教学这个问题，每一名教师都在做着一个个真实的课题研究。把自己教学生涯中有益、有效、真实的成果分享出来，是每一名教师值得骄傲的事情。

本书可以帮助教师写出实用的课题研究案例，让他们对教育工作有更深刻的理解，在提高自己能力的同时收获更多的肯定。

本书立足教育课题研究的实际写作，帮助读者了解课题研究的方法、过程，将工作经验形成成果。

本书具有以下几大特点。

第一，提供课题研究的全面系统介绍。

第二，构建完整的研究思路和步骤指导。

第三，详解各环节的操作要点和经验方法。

第四，配备实用的课题研究案例模板。

第五，总结高效的研究技巧和要领。

凡事预则立，不预则废。有时一个小小的失误或者方向偏离都可能导致课题无法进展下去。本书从研究者萌发进行课题研究的想法开始，帮助研究者把想法通过实践发展成结果，并讲解课题研究中需要注意的点。

需要说明的是，本书内的文件性材料和申报模板来自辽宁省营口市进修学校下发的文件，在此真诚地感谢学校科研处的培养和指导。

最后，我希望本书的分享可以给广大同仁带来启发，也希望读者给予意见反馈，分享好的经验，共同进步。

林　婧

2025 年 5 月

目 录

自序

第一章 课题研究概述

第一节 课题研究的步骤 / 002
一、课题的选取 / 002
二、制定课题研究计划 / 003
三、课题的实施 / 005
四、课题的结题 / 007

第二节 课题研究的意义 / 007
一、对教师个人的意义 / 007
二、对学生和学校的意义 / 008

第三节 课题的基本类型 / 008
一、按立项单位的行政级别划分 / 008
二、按研究规模划分 / 009
三、按经费拨款多少划分 / 009
四、按经费来源划分 / 009
五、按研究性质划分 / 010
六、按学科领域划分 / 010

第四节 课题立项 / 010
一、课题的申报 / 010
二、立项通知文件 / 011
三、课题评审未通过的主要原因 / 013

第二章 课题的选取

第一节 如何选题 / 016
一、从细处入手，从实际出发 / 016

二、参考《课题指南》文件 / 019
　　三、自选教育教学热点、难点、创新点 / 022
第二节　团队的组建及人员构成 / 025
　　一、人员的选择及人员变更说明 / 026
　　二、组织分工 / 028
第三节　课题研究计划 / 029
　　一、明确时间安排 / 029
　　二、填报课题研究计划书 / 030
　　三、课题实施管理 / 033

第三章　课题准备阶段

第一节　拟定课题题目 / 038
第二节　文献学习 / 039
　　一、文献的搜索 / 039
　　二、参考文献的记录 / 040
　　三、文献综述 / 042
第三节　课题研究成果的形式 / 044
　　一、什么是课题研究成果 / 044
　　二、课题研究成果的具体形式 / 045
第四节　选择研究方法 / 045
　　一、文献研究法 / 046
　　二、个案分析法 / 048
　　三、访谈研究法 / 052
　　四、行动研究法 / 057
　　五、调查研究法 / 062
　　六、实验研究法 / 066
　　七、实地观察法 / 070
　　八、模拟法（模型方法）/ 075
第五节　课题立项申请书填写指导 / 078
　　一、任务的布置 / 079
　　二、表格的填写 / 079
第六节　课题设计与论证 / 080
　　一、课题的界定 / 080

二、研究背景 / 083

三、理论基础 / 083

四、研究假设 / 085

五、国内外（省内外）研究状况述评 / 086

六、选题意义 / 089

七、研究重点和研究创新之处 / 090

八、研究目标 / 092

九、研究内容 / 094

十、研究方法 / 096

十一、研究思路 / 097

十二、研究的技术路线 / 100

十三、实施步骤 / 101

十四、课题的可行性分析 / 103

十五、推荐人意见 / 107

第四章　课题实施阶段

第一节　课题立项通知书 / 112

一、课题立项通知书的核心内容 / 112

二、课题立项通知书的作用 / 113

三、课题研究者的责任与义务 / 114

第二节　学习 / 116

一、自学提升 / 116

二、请教专家 / 116

三、资料学习 / 116

四、学习案例 / 116

五、能力提升 / 117

第三节　开题论证会 / 117

一、开题论证会的准备工作 / 117

二、开题论证会的流程 / 118

三、开题论证会后的改进与落实 / 119

第四节　撰写开题报告 / 120

一、撰写开题报告的重要性 / 120

二、开题报告的内容框架 / 121

三、专家评议要点 / 123

四、开题报告撰写的原则 / 123

五、重要变更 / 124

第五节 开题答辩 / 125

一、开题答辩的准备工作 / 125

二、开题答辩的流程 / 126

三、开题答辩结束后的改进与落实 / 127

第六节 调查研究 / 128

一、制作调查问卷 / 129

二、撰写调查分析报告 / 131

三、调查数据分析及图表展示 / 139

四、实验报告 / 145

第七节 课题实施过程中形成的校本课程及校本教材 / 150

一、校本课程的设计 / 150

二、校本教材的编写 / 153

第八节 课题中期报告 / 156

一、填写课题中期报告 / 156

二、课题中期检查汇报文件及说明 / 159

第五章 课题结题阶段

第一节 结题成果 / 164

第二节 课题案例 / 165

一、案例内容要求（市科研处下发要求文件）/ 165

二、案例标题编写规范 / 166

三、首页注释 / 166

四、内容提要及关键词 / 166

五、背景情况 / 166

六、主题内容 / 166

七、结尾 / 166

八、课题研究案例体例 / 166

第三节 科研论文写作 / 170

一、标题 / 170

二、作者及其工作单位 / 170

　　　　三、摘要 / 170

　　　　四、引言 / 171

　　　　五、正文 / 172

　　　　六、结论 / 172

　　　　七、参考文献 / 172

　　　　八、致谢 / 172

　　第四节　教学设计 / 184

　　第五节　研究心得与研究反思 / 191

　　　　一、研究心得 / 192

　　　　二、研究反思 / 195

　　第六节　课题研究成果推广方式 / 199

　　　　一、学术发表 / 199

　　　　二、社交媒体与网络平台 / 199

　　　　三、举办学术会议与研讨会 / 200

　　　　四、建立合作关系 / 200

　　　　五、成果展示与宣传 / 200

　　　　六、开展培训与教育活动 / 200

　　第七节　撰写结题报告 / 200

　　　　一、写作要求 / 201

　　　　二、写作拆分 / 201

　　　　三、课题研究结论 / 202

　　　　四、课题研究对策 / 204

　　第八节　填写结题鉴定书 / 209

　　第九节　课题鉴定答辩 / 210

第六章　课题研究常用信息技术工具

　　第一节　调查问卷软件的使用 / 214

　　　　一、创建问卷 / 214

　　　　二、发送问卷 / 214

　　　　三、统计结果 / 215

　　　　四、生成报表 / 215

　　　　五、分享报告 / 215

　　　　六、成绩查询 / 215

七、数据安全 / 215

第二节　二维码的制作 / 215
　　一、登录二维码制作小程序 / 216
　　二、生成二维码 / 216
　　三、分享二维码 / 216

第三节　提高效率的工具与技巧 / 217
　　一、人名替换 / 217
　　二、图片快速转化文字 / 217
　　三、语音转文字 / 217
　　四、文件扫描 / 217
　　五、结题鉴定材料的目录整理 / 217
　　六、建立固定文档群组 / 218
　　七、文件格式统一 / 218
　　八、输入框选标记 / 218
　　九、随时保存 / 218

附录 A　课题研究案例模板 / 219
附录 B　立项评审书模板 / 220
附录 C　开题报告模板 / 226
附录 D　课题中期报告模板 / 228
附录 E　《全国教育科学规划课题管理办法》/ 232
附录 F　《全国教育科学规划课题结题鉴定细则》/ 243
附录 G　结题鉴定书模板 / 250
附录 H　结题鉴定佐证材料模板 / 256

第一章
课题研究概述

第一节　课题研究的步骤

课题研究一般包括课题的选取、课题研究计划的制定、课题的实施和课题的结题。

一、课题的选取

在课题研究中，课题的选取是第一步，也是至关重要的一步，它直接关系整个研究的方向与质量。正确选择课题不仅能够激发研究者的兴趣，还可以确保研究的可行性。因此，课题的选取必须科学严谨，充分考虑多种因素。

课题研究应当根植于教师的教育实践，直观反映在教学过程中遇到的实际问题或困惑。选择课题时，教师需要从自己日常的教学工作中寻找问题，并确定哪些问题具有普遍性和研究价值。只有这样，课题研究才能真正促进教学改进，为教育实践提供有益的参考。

课题的选取还需依托相关领域的学术研究。通过广泛阅读国内外相关的学术文献，教师可以了解当前研究的前沿动态，避免重复研究。通过对文献的梳理和分析，教师可以找到研究中的空白点或争议性问题，从而进一步确定自己的研究方向。

课题应当具有一定的时代性和社会意义。教师在选题时，应充分考虑国家和地区教育改革的政策导向和社会对教育的需求。选取与当前教育改革相关的课题，不但能为解决实际问题提供理论支持，同时还能提升研究的现实意义和推广价值。

在选择课题时，教师必须考虑课题的可行性，即是否有足够的资源、时间和条件去开展研究。教师需要评估自己所在学校的条件、可获取的数据资源，以及自身的研究能力。过于复杂的课题可能因为资源匮乏或时间不足而难以完成，而过于简单的课题则可能缺乏研究价值。因此，选择课题时课题的规模要适中，并能够在限定的时间内取得有意义的成果。

课题的创新性是衡量其学术价值的重要标准。教师在选择课题时应避免选择已经被广泛研究并有定论的问题，而应当寻求新的视角、新的方法或新的研究对象。创新不一定意味着重新开始，而是可以在已有研究的基础上，通过新的研究视角或方法，提出新的见解或解决方案。

教师在选择课题时，应关注教育教学中的真实问题，特别是那些能够直接提升教学质量和学生学习效果的问题。一个好的课题通常来源于实践，并最终回归到实践。因此，教师可以从日常教学中遇到的实际困难或特殊案例入手，探究背后的成因，并通过系统研究找到解决方法。

课题选定后，研究者需要明确该课题研究的具体目标和意义。设定的目标应具有清晰性和可操作性，即研究者能够通过研究取得明确的成果。而意义则指该研究对教学实践或理论发展的贡献，研究者需要在课题选择阶段思考其可能的应用价值和社会影响。

课题选取时，研究者应尽可能广泛地征求同行和专家的意见。通过与其他教师、教育研究者或学科专家的讨论，研究者可以获得不同的课题视角和建议，避免个人选择的局限性。通过交流少走弯路，研究者往往能在选题阶段就明晰研究的重点，少走弯路。

二、制定课题研究计划

在课题研究的过程中，制定科学合理的研究计划是确保研究顺利推进并实现预期目标的重要步骤。研究计划为整个研究工作提供了清晰的框架和路径，是研究者开展研究的蓝图。特别是对于教师而言，由于课题研究往往需要与日常教学任务相协调，因此研究计划的制定必须更加周密、细致，并具有较强的可操作性。

制定研究计划的核心在于明确研究目标与研究问题。研究目标是课题研究希望达成的最终成果，通常包括理论层面的探索和实践问题的解决。教师需要将这些目标具体化，确保其具有可操作性和可衡量性。研究问题是研究目标的细化，教师应根据实际的教学情境和研究兴趣，明确具体要探讨的问题或假设，并确保这些问题具备可研究性和可验证性。研究计划应将这些问题详尽列出，确保研究能够沿着预定方向展开。

　　研究方法是课题研究计划的重要组成部分。研究方法应根据课题的性质和研究问题的特点来选择。常见的研究方法包括文献研究、实验研究、调查研究和案例研究等。文献研究能够为课题提供坚实的理论基础，实验研究可以通过实践检验某种教学策略或教学干预的效果，调查研究适用于定量或定性数据的收集与分析，而案例研究则有助于深入剖析具体教学情境中的问题。在确定研究方法后，教师还需确定研究的具体步骤，确保研究工作能够按照内在逻辑顺利推进。具体步骤包括研究问题的提出、数据的收集与分析、得出研究结论和提出建议。每个步骤都应有详细的执行计划，以确保研究的系统性与可操作性。

　　合理的时间管理是课题研究计划的重要一环。教师在制定研究时间表时，需将课题研究过程划分为若干阶段，并为每个阶段设定具体的时间节点。研究阶段通常包括文献综述与研究问题确定、研究设计与工具开发、数据收集、数据分析与结论形成、成果整理与推广等。时间表的设计应充分考虑教师的工作量和教学安排，并预留适当的缓冲时间，以应对不可预见的情况。时间安排既要合理，又要具备可行性，以确保课题研究能够在既定时间内顺利完成。

　　在制定课题研究计划时，教师还需明确研究所需的资源和支持。课题研究通常需要依赖一定的资源，包括研究工具、数据收集工具、教学材料等。教师需详细列出这些资源，并确保它们能够在研究的各个阶段得到充分的利用。同时，研究也需要文献支持，教师应充分查阅相关领域的学术文献，确保研究在现有理论框架的基础上开展。此外，研究过程还会涉及人力支持，特别是需要学生参与或与其他教师、专家协作时，研究计划中应明确说明他们的具体职责。若课题研究涉及实验设备或数据分析软件的使用，教师需提前评估研究成本，并争取学校或相关机构的资金和技术支持。

　　数据收集与分析方法也是课题研究计划的关键部分。数据是研究得出科学结论的基础，因此数据的类型、收集方式和分析方法必须在研究计划中有详细说明。教师需根据研究的具体问题，明确是否需要收集定量数据（如测试成绩、调查问卷结果等）或定性数据（如课堂观察、访谈记录等）。同时，还要根据数据类型选择合适的分析方法。例如，对于定量数据，教师可以使用统计分析工具进行均值比较、回归分析等，而定性数据则需通过编码分析或主题分析等方法进行处理。课题研究计划还需列出所使用的具体的数据分析工具或软件，确保分析过程具有科学性与准确性。

教师在制定课题研究计划时，还需预先考虑课题研究过程中可能遇到的风险与困难。例如，在数据收集阶段，学生的参与度可能不足，或教学安排可能与研究计划产生冲突等。对此，研究计划中应提前做出风险评估，并制定相应的应对策略。通过细致的计划和科学的预案，教师可以有效应对研究中的不确定性，确保课题研究能够顺利进行。

三、课题的实施

课题的实施阶段是课题研究的核心环节，它将研究的设计方案转化为实际的研究活动，并通过一系列系统性的工作来推进研究的进行。在这一阶段，研究者需要按照研究计划的要求，有条不紊地开展各项研究活动，保证研究进展的科学性、系统性和连贯性。这一阶段的主要任务包括开题报告的撰写、学习任务的实施、调研活动的组织、课题实施活动的开展、课题研讨会的召开、课题实施活动记录的撰写、学术论文的撰写、校本课程及校本教材的开发，以及课题中期报告的撰写等内容。

课题的实施通常从开题报告的撰写开始。开题报告是对课题的进一步细化和深化，是对课题研究方案的详细描述与阐释。研究者需要在开题报告中明确课题的研究背景、理论基础、研究目标、研究内容和具体的研究方法，同时对研究的可行性进行充分论证，并对研究的技术路线进行详细说明。开题报告的撰写是课题实施的前提，它将为后续的研究提供方向和框架。

在开题报告之后，研究者需要根据课题研究计划，逐步实施学习任务。学习任务的目标是使研究团队成员能够系统掌握与课题相关的理论知识、研究方法和实践技能。这一阶段通常包括相关领域的文献学习、专家讲座、专业研讨等活动。通过学习任务的实施，研究者可以加深对课题的理解，提高团队成员的研究素养，为后续的调研和实验工作奠定理论基础。

组织调研活动是课题实施的前提。研究者需要根据研究设计，开展实地调研、问卷调查或个案访谈等活动。调研活动的目的是获取真实、丰富的第一手数据，为后续的研究分析提供可靠依据。研究者应严格按照既定的调研计划，确保调研活动的科学性、客观性和全面性，同时应充分考虑调研过程中的伦理问题和数据保密要求。

接下来是课题实施活动的正式开展。根据研究方法的不同，课题实施活动包括实验教学、课堂观察、学生测试等具体工作。这一阶段的任务是将理论与实践结合，通过系统的实践活动来验证研究假设，检验研究的有效性。研究者需要在课题实施活动中严格控制变量，确保研究数据的真实性与可靠性。同时，课题实施活动的全过程应有详细的记录和分析，以保证研究的可追溯性。

为了确保课题研究的质量和进度，课题组应定期召开课题研讨会。召开研讨会的目的是汇总各阶段的研究成果，交流研究进展，分析遇到的困难和问题，并对研究方法和策略进行必要的调整。通过开展课题研讨会，可以在团队中形成良好的学术互动，确保研究工作在科学的氛围中持续推进。

课题实施活动记录是课题研究过程中不可或缺的部分。每一项研究活动都需要有详细的记录，包括活动的时间、地点、参与人员、活动内容、数据收集情况等。研究者应当以科学严谨的态度对每一阶段的活动进行真实、全面的记录，以确保研究的透明性和可验证性。

在课题实施的过程中，研究者还应撰写学术论文，对阶段性的研究成果进行系统总结。学术论文的撰写有助于研究者进一步梳理研究思路，反思研究过程中的问题，并向同行分享研究经验和成果。通过撰写学术论文，研究者可以不断提升研究的学术水平，并为课题的结题奠定基础。

如果课题研究的成果具有较高的实践价值，研究者还可以基于研究成果开发校本课程及校本教材。校本课程及校本教材的开发是课题研究成果转化为教学实践的重要途径。研究者可以根据研究成果和案例，编写适合本校特点的课程内容，从而进一步提高课题的应用价值和实践意义。

在课题研究的中期，研究者需要撰写课题中期报告，对课题的阶段性成果进行总结。课题中期报告应包括研究进展、研究成果、存在的问题和挑战、研究计划的调整等内容。通过撰写课题中期报告，研究者可以及时反思和评估课题的实施效果，确保研究按照预期目标和方向顺利推进。

四、课题的结题

在结题阶段，研究者要完成结题成果总结、课题案例编写、课题研究成果推广、课题研究总报告等。

第二节 课题研究的意义

课题研究是科技创新的源头，通过课题研究可以探索新的技术和方法，推动科技进步和社会发展。即便不做科研项目，很多事情都可以用研究课题的科学思维来思考。

一、对教师个人的意义

教师每天都在进行课堂教学，如果掌握了科学的研究方法，就能将日常的教学过程转化为课题研究。每节课都可以设定研究目标，思考如何解决教学中的问题，通过设计活动进行实验和对比，获取反馈，从中总结与反思，并不断改进教学策略，将研究真正落实到实际教学中。

掌握课题研究方法，不仅有助于教师总结自身的工作经验，还能够促进个人能力的提升，有助于职业生涯的规划与发展。教师的科研能力也体现在学术成果的质量上。课题研究可以提升教师的多方面能力，包括学术论文的撰写能力、研究的创新能力、解决实际问题的实践能力、理论分析能力和数据处理能力等。

通过课题研究，教师还能够了解教育领域的最新发展方向，拓宽视野，提升团队协作能力和创新意识。

二、对学生和学校的意义

课题研究能够为学生提供更优质的教育资源和学习环境，培养学生的核心素养，促进其全面发展。

课题研究还能推动科研兴校。通过课题研究，学校可以形成良好的学术氛围，在实践中提升软实力，促进学校之间的交流互动，实现资源共享与优势互补，共同进步。

学校应高度重视课题研究工作，为教师提供必要的支持和保障，确保课题研究顺利推进并取得丰硕成果。

第三节 课题的基本类型

课题的基本类型多种多样，根据不同的划分标准，可以分为不同的类型。

一、按立项单位的行政级别划分

按立项单位的行政级别，课题可划分为国家级课题、省级课题、市级课题、县级课题、校级课题。

国家级课题。由国家级机构或组织立项的课题，其研究范围广泛、影响力大，通常涉及国家层面的重大问题和战略需求。

省级课题。由省级机构或组织立项的课题，其研究内容和目标通常与本省的经济、社会、文化发展等密切相关。

市级课题。由市级机构或组织立项的课题，其研究范围较为具体，通常针对本市的实际情况和需求展开研究。

县级课题。由县级机构或组织立项的课题，更加贴近基层实际，其研究内容更为具体和细化。

校级课题。由学校内部组织立项的课题，通常由教师或教研人员根据教学需要或学科发展而提出，旨在提高教学水平和科研能力。

二、按研究规模划分

按研究规模，课题可划分为规划课题、微型课题、小课题、个人课题。

规划课题。规模较大、研究周期较长的课题，通常涉及多个学科领域和复杂的研究问题。

微型课题。规模较小、研究周期较短的课题，通常针对某一具体问题进行深入研究。

小课题。介于规划课题和微型课题之间的一种课题类型，其研究规模和研究周期适中。

个人课题。由个人独立承担的课题，其研究内容和范围较为灵活，适合教师或研究人员根据个人兴趣和专业特长进行选题。

三、按经费拨款多少划分

按经费拨款多少，课题可划分为重大课题、重点课题、一般课题。

重大课题。经费拨款较多，研究难度较大，通常需要组建跨学科的研究团队进行协作研究。

重点课题。经费拨款适中，研究内容较为重要，通常具有一定的创新性和前瞻性。

一般课题。经费拨款较少，研究内容和难度相对较低，适合初学者或基础研究人员进行尝试。

四、按经费来源划分

按经费来源，课题可划分为纵向课题、横向课题、自筹经费课题。

纵向课题。主要由政府拨款支持的研究课题，包括国家级、省级、市级等不同层次的课题。

横向课题。由企业、事业单位等非政府机构委托的研究课题，通常涉及产学研合作和实际应用。

自筹经费课题。由研究者自行筹集经费进行研究的课题，通常具有较高的自主性和灵活性。

五、按研究性质划分

按研究性质，课题可划分为基础研究课题、应用研究课题、开发研究课题。

基础研究课题。主要探索自然界、人类社会和思维活动的本质及规律，为应用研究和开发研究提供理论基础。

应用研究课题。将基础研究成果应用于实际生产和生活中，解决具体的技术问题或社会问题。

开发研究课题。在基础研究和应用研究的基础上，进行新技术、新产品、新工艺等的开发和研究。

六、按学科领域划分

按学科领域的不同，课题可划分为自然科学课题、工程技术课题、人文科学课题、哲学社会科学课题、教育科学课题、艺术科学课题等。

本书立足教育规划课题展开讲解示例，大部分中小学教师申请的是省、市级基础教育规划类一般课题。

第四节 课题立项

课题立项是指一项科学研究或项目被正式批准并开始实施的过程。在这个过程中，一个明确的研究问题或目标会被提出，经过一系列的程序和审查最终获得相关机构或组织的批准，从而正式被确立为可以开始研究和执行的项目。

一、课题的申报

课题申报者应提前做好规划，及时关注课题申报信息。课题主管部门会下发纸质通知或网络通知公布课题申请信息，课题申报者要及时关注相关网站和所在单位下发的课题申报信息。

（一）确定选题

申报者可以自选或参考《课题指南》，选择新颖且具有研究价值的课题，避免重复研究。新颖的选题包括尚无人涉足的领域、学科前沿的理论、老问题的新研究视角等。选题要适中，避免过大或过小。因为过大的课题可能难以驾驭，而过小的课题则可能缺乏研究意义。

（二）撰写申报材料

申报书一般包括课题名称、研究背景、研究目的、研究内容、研究方法、时间安排、预期成果、经费预算等。申报者应确保申报书结构清晰、逻辑严密，注重逻辑性和条理性，用词准确、简洁明了。申报者还要整理前期研究成果、实验设备清单、合作单位意向书等，确保附件齐全、规范。申报材料应体现申报者的科研能力，因为这是评审专家了解申报者的唯一途径，需认真填写。

（三）提交与评审

按照课题申报要求，申报者应准时提交申报书及相关材料，确保材料的完整性和合规性。必须注意课题申报对申报者的资格（如职称、年龄、有无经验等）、申报填写条件的限制等，特别注意要在申请日期截止前完成所有内容，预留出修改时间。

二、立项通知文件

选题的立项通知文件是课题研究的正式启动文件，标志着研究课题经过审核并获得批准立项。该文件通常由相关教育科研管理部门或资助机构发布，文件明确了立项课题的基本信息，包括课题名称、研究方向、课题负责人、研究期限、资助金额或资源支持等。立项通知文件不仅确认了课题的合法性和研究的可行性，还为课题的后续实施提供了政策依据和管理规范，确保研究工作在明确的框架下有序进行。

【例】

关于组织申报××省教育科学"十四五"规划
20××年度立项课题的通知

各××学校：根据××有关要求，决定开展××省教育科学"十四五"

规划20××年度课题立项申报工作,现将有关事项通知如下。

一、申报类别

本年度设立省教育科学"十四五"规划重点课题、一般课题两类。省教育科学规划重点课题应体现鲜明的时代特征、问题导向和创新意识,立足教育事业发展需要,聚焦教育现代化发展中的全局性、战略性和前瞻性的重大理论与实践问题,力求具有现实性、针对性和较强的决策参考价值,着力推出体现具有省级水准的研究成果。省教育科学规划一般课题应围绕落实立德树人根本任务,突出内涵发展、特色发展主题,结合各级各类教育和院校的改革发展实际,聚焦教育教学改革发展中的热点、重点、难点与关键性问题,深入开展具有理论和实践价值的研究。课题研究领域请参照《课题指南》(详见附件1)。课题申报者可根据《课题指南》的研究方向申报,也可结合实践自拟题目。

二、申报人员

主持过市教育科学规划课题并结题的主持人可申报。

每位申报者只能申报一项课题,不得兼报。申报者应具备较好的研究基础,熟悉所研究问题的实践和政策进展,须能够担负起课题研究实际组织者和指导者的责任;课题组成员须征得本人同意并签字确认,否则视为违规申报。

三、本年度省教育科学规划课题立项实行限额申报

四、申报要求

(1)各学校要加强对课题申报工作的组织、指导,切实履行初审责任:加强对课题研究内容的意识形态审查;不得推荐非教育研究类选题;已经获得省级及以上正式立项者,不得以同一内容和题目申报;主持省教育科学规划课题(含各专项课题)、省社科规划基金教育学项目尚未结题者不能再次申报;确保青年科研人员的申报比例。

(2)各学校的课题申请材料,经所在单位同意后统一报送。

(3)报送的材料包括:《××省教育科学规划课题立项申请·评审书(20××版)》2份(详见附件2)、《××省教育科学规划课题立项匿名申请·评审书(20××版)》一式3份(详见附件3)、《××省教育科学规划20××

年度课题立项申报汇总表》1份（详见附件4）。以上材料的电子版请于×月××日前发送至邮箱：×××。邮件标注"20××年度省立项申报——单位"。

（4）申报材料受理时间：20××年×月××日××点前，逾期不予受理。

课题申报材料报送地点：×××。咨询电话：×××。联系人：×××。

附件：

1. ××省教育科学"十四五"规划20××年度课题指南
2. ××省教育科学规划课题立项申请·评审书（20××版）
3. ××省教育科学规划课题立项匿名申请·评审书（20××版）
4. ××省教育科学规划20××年度课题立项申报汇总表

三、课题评审未通过的主要原因

课题评审未通过的主要原因可以归纳为以下几个方面，这些方面涵盖了课题申报的各个环节。

（一）课题申报准备不充分

未提前规划，接到通知匆忙命题，选题题目太大、不够新颖，题目表述不准确、不规范，相关研究成果不足，书写内容重复率过高。

研究内容不明确，研究方法不科学，研究过程不严谨，研究步骤和措施设计不够具体，缺乏可操作性，研究过程不真实，研究结果无法验证或可信度低。

（二）成员结构不合理

团队成员能力不足，分工不明确。课题组成员的学术背景、研究经历与课题要求不匹配，缺乏完成课题任务的能力。

（三）其他因素

预算及时间计划不合理，无法支持研究的顺利进行。

申报材料不齐全、不规范，与立项评审书同时上交的匿名申请书没有隐藏所有人名和学校名称。

课题立项是有限额的，如果竞争对手更有实力，可能会导致课题评审未通过。

　　总之，课题评审未通过的原因是多方面的，需要在课题申报的各个阶段都做好充分的准备和论证工作。同时，也需要关注评审专家的评审标准和要求，请教相关专家，借鉴申请成功案例，有针对性地提高课题的质量和竞争力。

第二章
课题的选取

第一节　如何选题

课题的选题是课题研究的第一步，也是最重要的一步。很多课题研究无法完成，就是因为选题失误。申请开题成功，却无法成功结题，这是非常可惜的。

请思考这样的问题：你想要研究的问题是什么？

课题立意可以围绕教育重点、难点、热点和创新点展开，要具有研究性和实用性，要结合实际情况选择有可能完成并能提供价值的课题。

在拟好选题之后，你可以把与题目相关的三到五个关键词写在纸上，按照关键词，进行过程假设、成果假设，看看自己想怎么做、实践过程有哪些、培训活动有哪些、案例成果有哪些、现有情况是否能操作，操作之后可以得到什么样的收获。你也可以阅读相关文献，预先填写课题结题鉴定书，检测自己是否真的适合研究所选选题。用这个方法对题目进行选择和排除非常有效。

一、从细处入手，从实际出发

题目的选择要小而精，杜绝假大空。课题研究的内容应该是课题研究者可以做到的事情。例如管理者可以就学校管理问题进行研究，美术教师可以研究如何利用线条来表达意境等。

（一）研究内容的选择

课题的研究内容可以是培训研究、策略研究、心理辅导等，总之，从研究者岗位实践中产生的课题才是真实、有价值、有意义的课题。

课题的研究不是三分钟热度，选定的研究方向应该是自己热爱的、擅长的、能够坚持完成的。研究者跟风选择了一个通过率高的热点创新问题，课题通过之后却发现自己不擅长也不感兴趣，根本没有办法研究下去。读到这里，你是否有渴望去解决的问题？

你可以把研究内容记下来，搜索一下文献，看看你的问题是否有很好的解决方案，如果现有的解决方案不能解决你所面临的问题，或者你有其他不同的研究想法和假设，那就可以设置一个课题研究计划来解决。

比如，更换了新媒体黑板，是否有很多教师操作不熟练？如果有，则可拟定《普通高中教师信息技术培训提升实践研究》作为选题。

（二）选出具体问题，确定研究选题

可以用草稿联想确定研究选题。假设已选择一个问题，首先写出关于这个问题的三到四个关键词，然后围绕这些关键词进行研究设想，进行一次研究预演。在这个过程中，是否有不可解决的因素存在，以此来进行可行性筛选。

当你选出了比较心仪的研究主题，进行了研究设想，也确定了这个问题是明确的、具体的，是研究者现有能力可以研究的，是符合伦理且具有研究价值的，那么你的选题方向可以初步确定了。

（三）难以完成的课题

1. 题目和研究内容不一致

题目和研究内容应该一致。导致题目和研究内容不一致的原因主要是研究内容不明确，界限模糊，没有把想法落实到位。在研究过程中，研究者没有设置具体的研究目标，无法形成有效的研究成果。

2. 空想的实践

研究者不能只通过假设分析和理论分析证明自己的观点，一定要通过真实的事例研究去证实假设和佐证，不能凭空捏造结论和事实。

例如《高中数学 VR 教学的研究》，这个课题可能是一个好的课题，但是高中数学 VR 教学的具体技术还不成熟也没有普及，在这样的前提下，研究者不能靠想象去假设实践情节的发展。

3. 课题过大，超出研究者能够驾驭的范畴

在课题研究的选题过程中，课题的范围和可操作性至关重要。如果课题范围过大，超出了研究者的能力或资源范畴，往往会导致研究无法顺利完成。例如，《高中语文改革策略的研究》涉及的内容广泛，涵盖教育政策、教学实

践、课程设计等多个层面,超出了大多数一线教师的能力范畴。这样的课题很难在有限的时间内完成,且缺乏具体的实践依据。因此,研究者可以将课题聚焦在自己能够深入研究和操作的领域,例如将课题调整为《针对高中语文改革的课堂评价策略的研究》。这样,研究者可以基于自身的课堂教学经验,提出实际的策略,从而使研究更具有操作性和实践意义。

类似的,《区域教研联盟协同的实践研究》属于较为宏观的课题,通常需要区域教研员或教育管理者来主导。区域教研员有更广泛的视角且资源丰富,能够协调多个学校和教师团队,而一线教师则难以从全局角度对区域教研协同进行有效的研究。因此,申报者应根据自己的角色定位,选择能够充分发挥个人能力的课题,避免课题过大而导致研究无法推进。

总之,课题研究的问题应该是真实的问题,是小而具体的问题,是申报者有能力解决的问题。坚决不要凭空想象,猜想问题的发生和解决方案,因为课题研究的数据必须是真实有效的,是经过实践验证的,这样才能够保证课题研究的价值,才具有借鉴意义。

【例2-1】

课题《初中语文课后作业有效性的研究》的思路分析

一位研究者选取的课题是《初中语文课后作业有效性的研究》,这是一个具有实践意义的选题,聚焦于教学活动中的关键环节——课后作业。课后作业不仅是学生巩固课堂知识的重要手段,也是学生自主学习与反思的关键环节。合理设计的课后作业能够强化教学目标,帮助学生掌握重点内容,激发他们进一步思考问题的能力,为后续的学习提供动力和支持。课后作业不仅是课堂教学的总结,更是课堂内容的延伸。

然而,研究者在实际教学过程中发现,当前的课后作业在设计和实施方面存在一定的问题。

首先,部分课后作业流于形式,缺乏深度,未能有效巩固课堂所学,因而对提高学生的学习效果作用有限。

其次，课后作业形式单一，往往以抄写或重复性练习为主，未能根据教学内容和学生的实际需求进行多样化设计，导致部分学生对课后作业的吸收和理解不够充分。

最后，课后作业未能充分体现因材施教的原则，缺乏分层设计。对于已经掌握知识的学生，课后作业显得冗余，浪费时间，而对于学习尚不熟练的学生，课后作业量过大，导致他们无法按时完成，进而影响学习的积极性。

因此，研究者计划通过对现有课后作业的调查与分析，提出改进策略，以期设计出更有效的课后作业方案。研究将重点探讨如何通过提升作业的针对性和多样性来增强学生的学习效果，并进一步探讨分层作业的实施方法，以满足不同层次学生的需求。优化后的课后作业不仅能激发学生的学习兴趣，还能够提高他们的学习效率，为课堂教学的延续和深化提供支持。这一研究不仅具有实际的教学指导意义，还有助于丰富作业设计的理论研究，促进作业设计与课堂教学更好地融合。

二、参考《课题指南》文件

课题通知文件下发的同时，还会下发《课题指南》，《课题指南》包含了同期相关部门最希望解决的问题。课题申报者可根据《课题指南》进行申报，也可结合实践自拟题目。如果申报者想提高申请成功率，应该认真研读《课题指南》内容。

【例2-2】

××省教育科学"十四五"规划20××年度课题指南（节选）

（一）思想政治教育

略。

（二）党建工作

略。

（三）基础教育

1.学前教育××研究

2. 实施××学前教育健康可持续发展的研究

3. 幼儿园保育××策略研究

4. "双减"背景下义务教育××研究

5. 县域义务教育××策略研究

6. 新一轮农村义务教育××保障机制研究

7. 义务教育新课程××研究

8. 基础教育××机制研究

9. 普通高中与职业教育融通的××研究

10. 县域普通高中××研究

11. 普通高中××研究

12. 中小学课后服务××研究

13. 中小学家校社××研究

14. 中小学家庭教育××提升研究

15. 新时代中小学××发展的趋势研究

16. 学校××教育研究

17. 学校××课程教学模式改革研究

18. 中小学××实施策略创新研究

19. 新时代中小学××教育保障研究

20. 中小学科技教育创新机制研究

21. 新时代中小学××教育的发展趋势研究

22. 中小学××平台建设与应用研究

23. 新时代中小学学校××防控体系研究

24. 融合教育背景下××高质量发展的研究

25. 全面推进××发展的研究

（四）职业教育与继续教育

略。

（五）高等教育

略。

（六）综合

略。

找到自己课题申请的所属分类，比如小学、初中、高中教师就选择基础教育部分，职业高中教师就选择职业教育与继续教育部分，大学教师就选择高等教育部分。例如你是一名高中教师，那么就在基础教育部分 8~25 条中选择。注意，这个题目是类别选择，真正的课题研究题目应该在这个方向性提示下另行选取。比如选择了基础教育部分中的"中小学科技教育创新机制研究"，题目便可以拟定为《人工智能环境下培养高中生科学素养的策略研究》。你在填写课题申报表的时候，也要进行标注。

【例2-3】

2024年国家××基金×××研究专项申请书
填写《数据表》注意事项

一、申请人须逐项如实填写。

二、部分栏目填写说明如下。

课题名称——应准确、简明地反映研究内容，一般不加副标题，不超过40个汉字（含标点符号）。

关键词——按研究内容设立，最多3个，词与词之间空一格。

项目类别——按所选项填1个字符，选"重点项目"填"A",选"一般项目"填"B"。

所在省（自治区、直辖市）——军队院校不按属地填写，一律填写"军队系统"。

工作单位——按单位和部门公章填写全称。

课题组成员——必须是真正参加本课题的研究人员，不含课题负责人，不包括科研管理、财务管理、后勤服务等人员。

预期成果——指最终研究成果形式，可多选。例如，预期成果选"专著"填"A",选"专著"和"研究报告"填"A"和"C"。字数以中文千字为单位。

结项成果形式原则上须与预期成果一致，不得随意更改。

申请经费——以万元为单位，填写阿拉伯数字。申请数额参考本年度申报公告。

三、自选教育教学热点、难点、创新点

从素质教育的提出到"双减"政策的颁布，再到计算机 2.0 计划的提出，最后到利用多媒体教学的方式提高学生的综合素质能力，教育热点实时更新。一名优秀的教师必须时刻关注教学热点、难点、创新点，紧跟时代步伐，关注教育教学相关政策，把握教学改革新风向，做新时代需要的优秀教师。

（一）教育教学的热点

教育教学的热点会随着时间和社会背景的变化而有所不同，以下是一些当前教育领域内的热点选题。

1. 人工智能技术与教育融合

随着人工智能技术的快速发展，其在教育领域的应用也日渐广泛。如何有效地将人工智能技术融入日常教学，提升教育质量和效率，是当前教育领域的一大研究热点。

2. 核心素养教育

核心素养教育强调培养学生的关键能力和必备品格，以适应终身发展和社会发展的需要。如何构建和实施有效的核心素养教育体系，是当前教育改革的重要方向。

3. 教育公平与均衡发展

教育公平是社会公平的重要体现，如何实现不同地区、不同学校之间的教育均衡发展，确保每个学生都能享有公平和高质量的教育，是当前教育领域重点关注的问题。

4. 职业教育与产业发展

随着社会对技能型人才的需求不断增加，职业教育的重要性日益凸显。如何根据产业发展需求调整职业教育体系，培养更多高素质的技术技能人才，是当前职业教育研究的热点。

5. 家庭教育与社会教育协同

家庭教育和社会教育在孩子的成长过程中起着至关重要的作用。如何构建家庭教育和社会教育的协同机制，形成教育合力，促进孩子的全面发展，是当前教育领域需要深入研究的课题。

此外，还有一些与教育改革、教育政策、教育评价等相关的选题也是当前教育领域的热点。总之，教育选题的热点是多元化的，需要根据具体的社会背景和教育实践来确定。

（二）教育教学的难点

课题研究需要从教育教学实践中发掘问题，挖掘教师在教育教学中遇到的难题，通过实践研究找到解决问题的策略。教师在教学中遇到的难题多种多样，这些难题不仅来自教学内容的复杂性，也与学生个体差异、教学环境、教学方法的适用性等因素有关。以下是教师在教学中可能遇到的典型难题。

1. 学生差异化问题

每个学生的学习能力、兴趣和背景都不同，这导致教师在统一授课时难以满足所有学生的需求。如何平衡不同学生的学习进度，确保每个学生都能得到适当的教学关注，是教师教学中面临的一大挑战。

2. 教学内容的复杂性

某些学科或知识点本身具有较高的抽象性和复杂性，教师在讲解时可能难以找到合适的方式帮助学生理解。如何将这些复杂内容转化为易于学生接受的形式，是教师在教学中需要解决的难题。

3. 教学方法的适用性

不同的教学方法适用于不同的学生和教学内容。然而，在实际教学中，教师可能难以确定哪种方法最有效，或者某种方法在一个班级中适用但在另一个班级中不适用。因此，如何根据具体情况灵活调整教学方法，是教师需要不断探索的问题。

4. 课堂管理问题

课堂秩序和氛围对于教学效果至关重要。然而，有时学生可能会出现纪律问题或参与度不高的情况，这会影响教师的教学进程和效果。如何有效管理课堂，关注课堂内不同学生的表现，维持良好的教学秩序，是教师需要解决的实际问题。

5. 教学资源有限

在某些情况下，教师可能面临教学资源不足的问题，如缺乏合适的教材、教具或技术支持。这可能会限制教师的教学方式。如何在有限的资源条件下提高教学效果，是教师需要思考的问题。

6. 评估与反馈问题

如何准确评估学生的学习成果并提供有针对性的反馈，是教师面临的一个重要任务。然而，在实际教学中，教师可能难以制定合适的评估标准或及时收集学生的反馈意见。这可能会影响教师对教学效果的判断和改进。

针对这些难题，教师可以采取多种策略来应对。例如，通过深入了解学生需求、灵活运用教学方法、加强课堂管理、充分利用现有教学资源、制定科学的评估标准等方式，来提高教学效果，满足学生需求。同时，教师也应不断反思和改进自己的教学实践，以适应不断变化的教育环境和学生需求。还可以从学生"网瘾"问题、数学抽象思维的建立、阅读能力的培养、分层作业的留取、多媒体在教学中的结合实践研究等难题中，选择合适的课题。

（三）教育教学的创新点

教育教学的创新点主要体现在以下几个方面。

1. 教学内容与方法创新

教学内容与方法创新包括引入新的教学内容和教学方法，以适应时代的发展和学生的需求。例如，结合现代科技手段，利用多媒体教学、网络教学等方式，使教学更加生动、直观和有趣。同时，根据学科特点和学生实际情况，采用问题导向、探究式、合作式等教学方法，激发学生的主动性和创造性。

2. 个性化教学

尊重每个学生的差异性和独特性，通过个性化教学方案的设计和实施，满足不同学生的学习需求。个性化教学包括制定个性化的教学计划、提供多样化的学习资源、实施分层教学和差异化辅导等，让每个学生都能在适合自己的教学环境中得到发展和成长。

3. 跨学科融合

跨学科融合是指打破学科壁垒，促进不同学科之间的交叉融合，以培养学生的综合素养和创新能力。例如，通过开设跨学科课程、组织跨学科项目等方式，让学生在不同学科的知识和思维方法中相互借鉴、相互启发，形成更加全面和深入的认识。

4. 实践教学与能力培养

实践教学与能力培养注重实践教学环节的设计和实施，通过实践活动、实验、实习等方式，培养学生的实践能力和创新精神。同时，关注学生综合能力的培养，包括批判性思维、沟通能力、合作能力、问题解决能力等，以提升学生的综合素质和竞争力。

5. 评价与反馈机制创新

建立科学的评价与反馈机制，及时了解学生的学习情况和需求，为教学改进提供有力支持。这包括采用多元化的评价方式、实施定期的教学反馈和评估、建立学生学习档案等，以便教师更全面地了解学生的学习状况和进步情况，并针对性地调整教学策略。

这些创新点并非孤立存在，而是相互关联、相互促进的。通过综合应用这些创新点，可以推动教育教学改革和发展，提高教育质量和效益。同时，研究者也需要根据实际情况不断探索和实践，以找到更加适合的教育教学创新路径。

第二节　团队的组建及人员构成

课题方向和研究内容确定以后，就要组建课题团队，一般课题团队成员是 6~12 人。小课题团队成员 6 人左右，大课题团队成员 8~12 人。建议组建团队时应先确定核心研究人员，暂定人数少于规定人数，预留出 2~3 个机动名额，便于后期遇到问题时调入新成员。

一、人员的选择及人员变更说明

课题研究不是纸上谈兵,而是需要通过具体的实践、实验来得到结论。课题团队人员的组成,必须有思考者和实践者,合理地选择团队成员可以极大地助力课题研究的推进。课题研究是一个攻坚克难的持续过程,需要课题主持人不断鼓励,带动全体成员共同努力。为避免课题后期课题主持人孤军奋战,建议课题主持人多方面考量,组建一支有想法、充满动力、积极向上、能够坚持完成任务的团队。

课题研究也是经验传承的过程。通过组建科研团队,有助于培养单位内部的科研人员,有些课题申报时科研处就会建议让青年教师加入,用经验传承的方法推进单位的发展。所以课题研究也应该以老带新,吸纳思想积极、有进取心的新人进行整理、收集工作,让单位内更多的人员参与到课题研究中来。以研带学,以研发展,以老带新,可以说是任何行业发展的核心策略。

(一)课题主持人

课题主持人是课题项目的发掘者,也是课题项目的负责人、组织者,更是课题推进的最大动力。当项目确定后,课题主持人就应该结合自己的优点和不足进行人员组队。课题主持人需要有良好的协调能力及活动组织能力,可以协调全体人员分工合作,可以进行各项活动的组织,进行团队内外的沟通,还应具有攻坚克难的能力。一般要求课题主持人要有相关学术研究经历和成果证明。

(二)专家型研究者

人才是第一资源,科研项目的成功离不开专业人才,课题团队中要有对课题项目熟悉,且具备丰富经验和实践能力的专家型研究者和一线教师。经验丰富的研究团队能让课题研究少走弯路。

(三)擅长实践研究的核心研究成员

有了经验丰富的专家型研究者,课题组还需要有很多思考者、实践者一起进行调研、实践。课题研究想要在现有基础上创造出新的成果,需要选取能够完成课题实践的可信赖的核心研究成员。如果课题研究内容涉及多个专业，还要考虑专业的覆盖面。一般课题研究不建议多学科研究，为保证研究的专注性、目标性，可以研究各学科中的共性问题。例如研究微课在教学中的使用问题，可以将九门学科作为实验案例，了解各学科对微课的需求情况，而不是分散精力去研究九门学科的内容，这需要辨别。

（四）一般研究人员

术业有专攻，课题的研究者在专注课题探索的同时，也需要有后勤保障。课题的研究应吸收严谨细心、善于整理、有排版经验、肯学习的研究者进入队伍。在信息技术时代，一个熟练的多媒体操作人员可以在课题研究过程中提供技术支持，而细心又耐心的文字工作者可以高效地呈现课题的研究成果。选择积极性高、文笔好、具有一定科研能力、态度端正的文字工作者和熟练的多媒体操作人员，有利于资料的搜索保存及整理。

（五）预备队

课题研究的团队成员是有限的，但是可以吸纳课题组之外的实习人员，这些人员有志进行课题研究，但还没有能力独立承担课题研究任务。人多力量大，当原课题人员发生变动时可以进行候补，在课题开始前与实习人员进行沟通确认即可。

（六）人员变动

课题研究中期之前如果有人员变动，需要上报上级科研机构，写课题成员变更说明。

【例2-4】

课题成员变更说明

因课题研究工作实际需要，经课题组研究决定，将原课题组研究成员××同志变更为××同志，同时新纳入课题研究成员××同志。现课题组研究成员如下：

课题主持人：××

主要研究人员：××、××、××、××、××、××、××

特此说明！

课题组
××××年×月×日

（七）创建群组

课题主持人可以创建群组，对有意向参与研究的人员进行培训，筛选出的人员单独建立群组。相关人员要上报姓名、单位、职务、学历与学位，其中学历与学位按最后获得的学历与学位填写，群组名称包含课题内容和工作单位，工作单位按单位和部门公章全称填写。这有助于后期填写立项申请书和结题鉴定书，从一开始工作作风就要严谨，重视每一个细节，方便后续工作的展开。

二、组织分工

课题研究团队成员需要团结合作，形成合力。在课题研究团队组建之初，相关负责人需要根据每名研究人员的特长对人员进行明确分工，尤其是要明确课题核心成员的分工，这样做可以确保课题研究工作有序开展。

课题主持人负责课题的组织开展，制定研究方案，协调各项工作，确保课题顺利实施。

专家组成员负责监督管理与指导工作，以及课题成果的阶段性检查与评估工作。

核心成员负责实施方案制定、调查问卷设计、信息资料分析统计工作，还负责组织撰写报告、阶段研究成果、课题案例、论文等。

一般成员负责收集、整理资料，会议等音频、视频的录制、整理和汇总工作，制作宣传册等。

课题组成员在上交结题鉴定汇总表时，按贡献不同排名有先后。课题主持人单独填写，课题成员的一般顺序是：核心成员、一般成员。

课题人员的选择还要根据课题题目综合考虑多维度因素。如"计算机与学科融合的研究"项目需要各学科人员的加入，"课后作业布置的研究"需要一线教师的加入，"教师培训研究"需要技术专家的加入，"班会对学生德育教育的影响"需要班主任的加入等。

课题题目定下来以后，根据课题研究的主要实施计划，负责人可对研究人员从领导、专家、学科、新老教师、信息技术教师、骨干教师、高级教师、年级跨度等多维度因素进行调整。

【例2-5】

课题组织与研究步骤

课题名称			
课题主持人		预计结题时间	
主要成员			
时间			
阶段月份		研究步骤	具体任务与成员分工
第一阶段：课题准备阶段 ××××年×月—××××年×月			
第二阶段：课题实施阶段 ××××年×月—××××年×月			
第三阶段：课题总结阶段 ××××年×月—××××年×月			

第三节 课题研究计划

课题研究计划必须有整体性和目标性，一定要制定带有时间节点和阶段目标的完整计划。课题研究后期研究目标和研究时间可能会有所修改，但是也不能漫无目的地开始实践。

一、明确时间安排

在课题研究中，制定的计划应比规定的结题日期提前。假如课题要求的完成期限是12个月，实际规划时应按照8个月来安排研究进度。这是因为研究时间往往比预期的更加紧张，过程中可能会出现需要深入探讨的新问题。这一点不难理解，在研究过程中，我们很容易陷入一个问题引出另一个问题的循环，导致研究延误。即便研究按照计划表顺利推进，后期的修订和完善也需要花费时间。如果在某一环节花费过多时间，必然会影响到后续进程。

因此，课题研究计划表不只是形式上的安排，实际上还是帮助研究团队避免陷入"死循环"的关键工具。它能够提醒团队成员在规定时间内完成既定任务，保证研究的目标性与时效性，确保课题能够按时结题并取得预期成果。

明确时间安排的方法非常简单，关键在于把握起始和结束。先明确课题的开始时间和结束时间，再将整个研究过程分为三个阶段，即课题准备阶段、课题实施阶段和课题结题阶段。

课题准备阶段：该阶段包括成立课题研究小组，制定详细的课题实施方案，召开开题会议并完成课题申报等必要的初始工作。

课题实施阶段：该阶段包括合理分配课题任务，组织具体的研究实施，定期对课题进展进行总结，撰写相关学术论文、研究反思、心得体会和典型案例分析。

课题结题阶段：该阶段包括整理课题研究的过程性材料，撰写课题研究报告，最终形成完整的研究成果，并分享研究经验。

在时间安排上，课题准备阶段应尽早启动并快速推进，避免拖延；课题实施阶段的时间应尽量多一点，因为这一阶段任务较多，需确保研究任务顺利开展；课题总结阶段则必须提前安排，因为这个阶段任务繁重，需要进行大量的材料整理和汇总。因此，在课题开始时就要为资料整理做好准备，有目的地进行资料收集，以确保结题时能高效进行整理。如果未能按时开始总结，课题可能无法如期结题，可能需要等到下一次课题鉴定通知时才能结题。

建议在课题启动的第一天，就开始考虑结题的各项事宜。在群组、邮箱等保留研究痕迹，安排专人负责资料的收集和整理，以确保后期的材料整理工作能够顺利进行，避免不必要的延误。

二、填报课题研究计划书

填报课题研究计划书是课题研究启动的关键步骤，它不仅是对研究工作的整体规划，也为课题研究的顺利开展和成功提供了重要保障。一份完整的课题研究计划书应涵盖以下核心内容。

第一，**课题名称**。应清晰、准确地界定研究的主题和范围，确保课题名称能够突出研究重点，并具有针对性和独特性。

第二，**课题研究人员的构成及分工**。明确研究团队的成员构成，并清楚划分各成员的职责和任务。这有助于提高研究的组织性和高效性，确保每个成员都能在课题中发挥其专长。

第三，**课题提出的缘由及其意义**。阐明选择该课题的理论依据与实际背景，分析课题研究的理论价值和实践意义。通过总结国内外相关领域的研究现状，进一步证明课题的必要性和创新性。

第四，**研究目标及主要内容**。清晰定义研究的目标和需要解决的具体问题。研究计划应详细描述为实现这些目标所需开展的研究工作，确保研究具有明确的方向性和操作性。

第五，**本课题中关键性概念的定义**。准确界定研究中涉及的关键概念和术语，确保研究过程的一致性和科学性。不同研究领域可能对相同概念有不同理解，因此概念的清晰定义至关重要。

第六，**研究对象及其选择方法**。明确研究对象的具体范围，说明选择这些对象的标准和方法。合理的研究对象选择能确保研究结果具有有效性和代表性。

第七，**研究方法及实施要点**。详细说明课题研究中采用的研究方法，涵盖数据的收集、分析和解释的具体手段，并明确这些方法的实施步骤与关键注意事项，确保研究过程的科学严谨。

第八，**研究进程的安排**。制定一个详细的研究时间表，列出各阶段的起止时间、主要任务及预期成果。应合理分配研究各个环节的时间，确保课题在规定时间内顺利推进。

第九，**经费预算**。合理规划研究所需的经费支出，包括人员费用、设备采购、材料费等。经费预算应详细具体，并与课题实际需求相符，以确保课题能够获得充分的资源支持。

此外，根据课题的具体性质和研究目的，还可以补充其他相关内容，如文献综述、理论基础、研究思路等。这些内容有助于进一步丰富和完善研究计划。在撰写课题研究计划书时，研究者可以根据具体需求灵活调整或增删某些内容，以确保计划书的科学性、可操作性和实用性。

【例2-6】

××中学20××—20××学年度（×学期）课题研究计划

课题名称	《×××》		
主持人	×××	预计结题时间	20××年×月
主要成员	×××、×××、×××		
本学期课题研究的阶段目标	探索××××策略研究的可行性		
本学期课题研究的主要内容	对本校实际情况进行统计调查，依据××情况，制定××方案		
阶段月份	研究内容	具体任务与成员分工	预期成果
第一阶段 课题准备阶段 20××年×月—20××年×月	1.成立课题研究组； 2.查询资料，确定课题； 3.调查×××，设计调查问卷	成立课题组——×× 确定课题题目，查阅资料——×× 制定实施方案——×× 设计调查问卷——××	完成课题的前期工作，制定课题实施方案，形成资料汇总
第二阶段 课题实施阶段 20××年×月—20××年×月	1.根据课题实施方案及调查结果，进行小组划分，每组配备一名专业教师进行培训指导，建立小组QQ群、微信群，发现问题随时解决； 2.各学科以组为单位，整合学科资料库，随时收集，定期整理； 3.对实践研究进行反思、总结，形成中期报告等书面材料。有阶段性成果可以进行论文发表	开展问卷调查、收集——××、×× 整理、制作×××——××、×× 完成中期报告——××、×× 指导教师完成实际操作及时解决问题——××、×× 收集教师制作完成的课例、课件等资料——××、×× 协调相关事宜，确保课题顺利实施——××、×× 针对近期工作任务进行以下具体安排： ×月×日—×月×日，每人阅读与课题相关文章××篇，资料存入校科研立项专用邮箱； ×月×日—×月×日，上交一篇心得体会，使每位课题组成员博取众家之长，为课题做准备； ×月×日—×月×日，上交一份教学设计、教学案例及案例反思； ×月×日—×月×日，上交一份教学随笔，关于课题实施阶段出现的问题及相关解决方法，做好文字记载	针对研究过程中出现的问题，及时研究对策，调整方案，确保计划顺利进行
第三阶段 课题总结阶段 20××年×月—20××年×月	1.分析、总结归纳课题研究资料和研究结果； 2.对课题资料进行汇总，汇编成册，形成论文集和课题结题研究报告，在相关刊物展示成果	整理培训资料、完成校本教材——××、×× 资料汇总——××、×× 完成结题报告——××、××、××	形成资料库，指导其他教师在各学科中使用

三、课题实施管理

课题实施管理是课题研究过程中的关键环节，直接关系到研究的有序推进和预期成果的达成。科学有效的课题实施管理不仅能够确保课题研究按计划进行，还能使研究者在研究过程中及时应对各种变化和挑战，从而提高课题的质量和研究效率。课题实施管理包括以下几个方面。

（一）任务分工与团队协调

课题研究通常是一个团队合作的过程，合理的任务分工和团队协调是确保研究顺利进行的基础。在课题实施阶段，管理者需要根据研究人员的专业背景、经验和个人特长，分配具体任务，确保每个成员都能在其擅长的领域中发挥作用。同时，管理者需要建立有效的沟通和协作机制，定期召开团队会议，了解各成员的研究进展、问题与需求，确保团队内部的协调与信息共享，避免任务重复或工作脱节。

（二）进度控制

课题研究通常需要在规定的时间内完成，因此进度控制是课题管理的重要内容。管理者应根据课题研究计划，定期检查各项工作的进展情况，确保研究过程的各个阶段任务能够按时完成。若在实施过程中遇到延误或调整，管理者应及时分析原因，调整工作进度或优化资源配置，确保研究不会偏离既定的时间表。

（三）资源管理

课题研究的顺利进行依赖于充足的资源保障，包括人力、物力和财力。管理者需要对这些资源进行合理分配和高效管理，确保研究人员获得所需的设备、材料和资金支持。对于有限的资源，管理者应优先满足关键任务的需求，同时避免资源浪费。特别是对资金的使用，管理者应严格遵守经费预算，确保资金的合理和有效使用。

（四）数据管理与质量控制

数据是课题研究的核心要素，数据管理与质量控制直接影响研究的科学性与可信度。在课题实施过程中，研究者应严格按照既定的研究方法和数据收集流程操作，确保数据的准确性、完整性和可靠性。管理者应建立完善的数据管理系统，确保数据的有序存储、分类与备份，防止数据丢失或篡改。同时，还应定期审查数据，及时发现和纠正数据中的错误或偏差。

（五）风险管理

在课题研究的过程中不可避免地会遇到各种风险和不确定因素，如研究方法的实施效果不理想、数据收集过程中出现意外情况或资源不足等。有效的风险管理可以帮助研究团队应对这些风险。管理者应在课题实施的各个阶段，提前识别潜在风险，并制定相应的应对预案。一旦风险发生，管理者应迅速采取措施，将其对课题进展的影响降至最低。

（六）定期评估与反馈机制

定期评估是确保课题研究顺利推进的有效手段。管理者应在课题实施过程中设置评估节点，定期对各项工作的进展、质量和成效进行评估。通过对研究过程的客观审查，管理者能够及时发现问题并做作出调整。同时，管理者还应建立有效的反馈机制，及时收集研究人员的反馈和建议，以改进管理措施，提升课题的研究效率。

（七）过程记录与成果积累

课题研究是一个动态的过程，管理者应确保每一个研究环节都能详细记录，包括研究设计、数据收集、分析过程、团队讨论等。完善的过程记录不仅有助于后期总结和反思，还能够为未来的研究积累经验和资源。同时，管理者应鼓励研究人员对研究过程中产生的成果（如阶段性总结、学术论文等）进行及时整理和归档，确保研究成果的持续积累。

（八）成果推广与应用

课题研究的最终目的是将研究成果应用于实践，提升教育教学质量。因此，在课题实施管理中，管理者应提前规划成果的推广与应用路径。研究成果可以通过学术会议、论文发表、校内研讨会等多种形式进行分享与传播。此外，管理者还应考虑如何将课题成果转化为具体的教学实践或课程资源，使研究成果真正服务于一线教学。

课题实施管理是确保课题研究顺利完成、目标达成的重要保障。通过科学的任务分工、严格的进度控制、资源和数据的高效管理,以及有效的风险管理和定期评估,可以确保课题研究能够有序推进并取得预期成果。管理者应始终保持对课题实施过程的关注与掌控,确保研究在各个环节都能得到科学严谨的管理与支持。

【例2-7】

课题实施方案

本课题由××科研课题组组织实施管理。

一、由上级领导单位课题组监督本课题研究开展。

二、课题组按照课题的实施方案确定课题方向,按照方案计划独立开展研究工作,其他单位可以相互学习,参加同类型相关的会议和活动,协作攻关,成果共享。

三、课题组成员要遵照课题主持人的建议安排,按时、定期完成研究内容。

四、课题组调换课题主持人,应征得本人同意并向总课题组提出书面申请。上级管理部门对本课题组进行定期检查指导,建立管理档案,加强资料管理,定期组织成果汇报会,总结经验,督促并指导课题组阶段性研究进度。

五、课题组的研究成果出版时,要征求课题组意见,并统一标注课题组名称和课题组成员。

××课题组
××××年×月

【例2-8】

课题研究管理办法

为了保证《××课题》研究工作的顺利进行,推动科研工作持续开展,保证课题研究规范实施,特制定如下制度:

一、本课题研究必须严格按照上级部门有关规定执行。

二、课题研究必须端正学术态度，课题组成员必须发扬团体合作精神，共同努力完成研究任务。

三、课题组长负责课题具体工作的组织和协调安排，及时掌握课题研究动向，持续推动课题研究进度。

四、课题组成员分工协作，职责分明，应保证研究时间，对研究任务负责，遵守团队安排，认真完成各项研究工作。

五、专员×××负责课题资料整理，从课题方案下达开始保存研究记录，并对资料内容进行保密，如有人员变动及时进行资料交接。

六、课题组每周定期召集课题组成员进行学习、研究。

七、建立群组××××，便于沟通和任务的分配。建立专用课题邮箱××××，积累课题资料，专人收集阶段性作业，形成成果。

八、课题主持人电话：××××××××××，有任何问题可以与课题主持人联络。

××课题组

××××年×月

课题主持人可在工位粘贴课题组成员课表，以方便联系和安排任务。

课节	周一	周二	周三	周四	周五
第1节	王、张、李		孙		王
第2节		钱		周	
第3节	赵				
第4节					
第5节					
第6节					
第7节					

手机号码：××××××××××

课题邮箱：××××

第三章
课题准备阶段

第一节　拟定课题题目

在确定研究内容和方向之后，就可以拟定课题的题目了。课题题目是课题研究的窗口，应能迅速、准确地传达研究的核心内容和研究方向。一个好的课题题目应能反映实际问题，具备可操作性，并紧扣研究中的难点、热点或创新点，从而充分体现研究的现实意义与学术价值。

课题题目需要准确、简明地反映研究的主要内容，通常应使用陈述句的形式，不建议使用副标题，且字数应控制在 20 个以内（包括标点符号）。这是为了保证课题题目简洁明了，同时便于他人迅速理解课题的核心问题。

通常，课题题目包括以下三部分内容：研究对象、研究内容和研究方法。

例如题目《小学生语文早读有效性的调查研究》的三个要素如下。

研究对象：小学生。

研究内容：语文早读有效性。

研究方法：调查研究。

在具体拟定课题题目时，可以遵循这样的公式："某背景 + 某专业领域 + 某研究内容的研究"。例如题目《基于多媒体教学的小学数学课堂互动的研究》清晰地展示了研究的背景、研究的专业领域和研究的具体内容。

总之，课题题目应在准确反映研究内容的基础上，兼顾简洁性，以便于他人理解和推广。

【例 3-1】

"十四五"规划课题部分题目

《以大概念为支点的"思辨性阅读与表达"学习任务群实践研究》

《文化自信视域下小学古诗文群文阅读的组文策略研究》

《基于项目式学习的跨学科主题学习活动实践研究》

《初中生物学与小学科学教学衔接的实践研究》

《基于学生主体参与性的小学语文教学表现性评价量规设计与实施》

《指向高阶思维能力培养的高中生物单元教学评价研究》

《核心素养培育视角下小学科学跨学科主题学习的实践研究》

《基于百年老校特色的跨学科实践课程的开发与研究》

《基于核心素养的高中地理实践活动教学与研究》

《借鉴QAR模型提升小学全年级学生英语提问能力的研究》

第二节 文献学习

课题的研究过程需要大量的文献资料，特别是选题早期，文献资料可以让研究者对课题研究的内容有初步的了解和掌握。通过文献阅读可以充分了解课题项目的相关知识，掌握课题研究的研究现状，避免无效研究，在前人的研究基础上进行创新研究。课题题目拟定之后，课题主持人应进行文献学习培训，布置全员学习任务。

一、文献的搜索

尽管文献查阅通常在研究的早期阶段最为集中，但文献阅读贯穿课题研究的整个过程，从课题诞生到研究结束都在持续进行。文献搜索可以以关键词为起点，首先关注与关键词相关的网络资源，然后逐步向相关领域延伸。常见的文献搜索途径包括中国知网、搜索引擎、专业期刊、行业专家的著作和相关的课题研究成果。

由于知识领域广阔，研究者在文献阅读时容易迷失方向，尤其是对于具有强烈求知欲的科研人员，过度扩展的学习可能会延长文献收集和研究的时间。因此，研究者应对文献搜集进行有效管理，制定合理的时间计划和任务安排。在课题初期，研究者应集中精力搜集与课题题目密切相关的文献，特别要重视关键词的使用和筛选。根据任务分配为每个团队成员提供一定数量的文献，经过筛选后，提取出具有较高研究价值的内容，并将这些文献整理到共享的群组中，供全体成员学习和分析。

这种方式不仅能够提高团队的工作效率，也能够增强团队成员的责任感。通过集体协作，文献搜集工作能够更加高效地完成，同时确保文献质量的水平，从而为课题研究提供坚实的理论支撑。

二、参考文献的记录

参考文献是指在学术写作中引用的各种来源，包括书籍、文章、研究报告等。这些文献用于支持作者的观点，并增加论文的可信度和权威性。

在文献记录过程中，首先团队成员要认真标记文献来源，确保引用的准确性，并严格遵守学术规范，尊重知识产权。每篇文献都应完整记录作者、出版年份、标题、出版物名称等必要信息，以便后续查找和引用时不产生混淆。

在文献搜集完成后，团队成员需要进行深入的文献学习与分析。整理、分析、对比各篇文献的核心内容，归纳出能够为课题研究提供理论支撑的内容。同时，对于文献中与课题研究设计存在不同观点的内容，也应进行深入分析和反思，明确其背后的逻辑和依据。这一过程有助于优化课题的研究思路，使研究设计更加完善和严谨。

为了提高团队成员工作效率，建议将所有文献整理并存放在课题组的公共网盘中。这样做不仅可以确保文献记录的共享性和便捷性，还能实现随时随地查阅和更新。当发现有价值的文献时，团队成员可以立即上传，避免因为缺少记录工具或设备而错失记录。这种做法对于文献资源的统一管理、提升研究团队的协作效率具有重要意义。

【例3-2】

参考文献著录格式

一、专著著录格式

主要责任者.题名：其他题名信息[文献类型标识/文献载体标识].其他

责任者.版本项.出版地：出版者，出版年：引文页码[引用日期].获取和访问路径.数字对象唯一标识符.

示例：

[1] 陈登原.国史旧闻：第1卷［M］.北京：中华书局，2000:29.

[2] 牛治明，斯温兰德，雷光春.综合湿地管理国际研讨会论文集［C］.北京：海洋出版社，2012.

[3] 中国第一历史档案馆，辽宁省档案馆，中国明朝档案总汇［A］.桂林：广西师范大学出版社，2001.

二、连续出版物著录格式

主要责任者.题名：其他题名信息[文献类型标识/文献载体标识].年，卷(期)-年，卷(期).出版地：出版者,出版年[引用日期].获取和访问路径.数字对象唯一标识符.

示例：

[1] 中国图书馆学会.图书馆学通讯［J］.1957(1)-1990(4).北京：北京图书馆，1957-1990.

[2] 余建斌.我们的科技一直在追赶：访中国工程院院长周济［N］.人民日报，2013-01-12(2)[2013-03-20].

三、电子资源

主要责任者.题名：其他题名信息[文献类型标识/文献载体标识].出版地：出版者，出版年：引文页码（更新或修改日期）[引用日期].获取和访问路径.数字对象唯一标识符.

示例：

[1] 中国互联网络信息中心.第29次中国互联网络发展现状统计报告[R/0L].(2012-01-16)[2013-03-26].http://www.cnnic.net.cn/hlwfzyj/hlwxzbg/201201/P020120709345264469680.pdf.

[2] HOPKINSON A.UNIMARC and metadata: Dublin core[EB/0L].(2009-04-22)[2013-03-27].http://archive.ifla.org/IV/ifla64/138-161e.htm.

三、文献综述

　　文献综述是对每个文献充分阅读之后做的一个阅读笔记，是对文献阅读后的一个高度浓缩的学习汇编。它是对文献内容的概括，根据自己的想法对课题研究进行分析，提供一份辩证性的总结报告。辩证性指的是既有认同，也有不同意见，在课题研究中可以通过研究探索加以分析和论证。撰写文献综述时，每名研究人员都应该至少精读 10 篇相关文献。

【例 3-3】

文献阅读笔记

日期：

题目		作者		精读/泛读	
来源					
关键词					

文献简述：
研究背景：
研究意义：
研究目的：
研究方法：
研究内容：
研究结论：

创新之处：

可借鉴之处：	可改进之处：

阅读收获（一句话总结）
　　该文用了_____方法，得到了
_____结论。

【例3-4】

《移动学习的研究现状与发展趋势》文献综述

摘要：本文旨在综述近年来移动学习的研究现状，分析其发展趋势，并探讨未来的研究方向。通过对相关文献的梳理和分析，研究人员发现移动学习作为一种新型学习手段，已经在个人学习中产生较大影响。

关键词：移动学习；研究现状；发展趋势；文献综述

一、引言

随着互联网的普及和发展，移动学习作为一种新的学习手段，逐渐影响了人们的学习方式。它对学生群体产生了深远的影响。因此，移动学习的研究具有重要的学术价值和实践意义。本文将对近年来移动学习的研究现状进行综述，并分析其发展趋势。

二、移动学习的研究现状

（一）移动学习的定义与特征

移动终端是指可以在移动中使用的计算机设备，广义地讲包括手机、笔记本、平板电脑等。移动学习是指个人运用移动终端，基于网络平台链接资源的一种学习模式。

（二）移动学习的研究视角

目前，移动学习的研究视角主要包括在移动终端的支持下，个人如何进行学习，教师如何进行应用，哪些资源平台可以更好地应用和开发。

（三）移动学习的研究内容

目前，移动学习的研究内容包括移动学习的方式，最有效的移动技术教学方式，移动应用在教学中的益处和弊端，适合教学的移动终端平台和相关软件，如何将移动学习与教学有效地结合起来，设计基于移动学习的本地资源网及学生自主、探究的学习模式。

三、移动学习的发展趋势

（一）个人应用增加

随着信息技术的发展，移动设备的普及，越来越多的学习者通过移动终端学习各方面知识。未来移动终端的应用将更加普遍和广泛。

（二）教学应用增加

越来越多的教师将多种移动学习方式恰当运用于课前预习、课上学习、课后拓展的各个环节中。目前，移动学习的研究主要以教师备课和课堂授课为主，学生的移动学习研究相对较少。随着研究方法的不断创新和完善，未来的研究将更加注重课外延展，通过教师培训及平台建设等方法，更有实效性地进行学生学习的辅助。教育部《2017年教育信息化工作要点》鼓励教师应用网络学习空间开展备课授课、家校互动、网络研修和学习指导等活动。将移动终端应用到教学中，可以为学生提供丰富的学习资源，为学生学习创造良好的环境和空间，使学生的学习形式不再枯燥，辅助学生自主学习，改变教学方式，提高学生的学习能力和核心素养。

四、结论

综上所述，移动学习作为一种新的学习手段，已经引起了教育领域的广泛关注。未来的研究将更加注重对学生群体的关注，以便更有效、更深入地发挥移动学习的优势。

第三节 课题研究成果的形式

一、什么是课题研究成果

课题研究成果是指研究者通过科学的研究活动，经过深入的理论探索、实验观察、调查研究和综合分析等过程，最终获得的具有学术价值或实际应用意义的创造性成果。这些成果反映了研究者在特定研究项目或课题范围内，经过系统的脑力与体力劳动后取得的成果，这些成果通常需要通过专家评审或鉴定确认其价值。

二、课题研究成果的具体形式

常见的课题研究成果形式包括：论文、研究反思、研究心得、专著、研究报告、调查报告、校本教材、专利、典型案例等。

在课题申报的过程中，研究者通常需要明确课题研究成果的具体形式。例如，申请报告中的选项可能包括：A.专著；B.研究论文；C.研究总报告（必含）；D.其他。值得注意的是，没有研究成果的课题无法顺利结题。课题的研究成果必须通过相关部门的审核和验收，因此，在课题申报阶段，研究者应合理预测可能产生的成果，并在申报表中明确其具体形式。

第四节 选择研究方法

当研究主题和研究目的已经明确时，下一步就是确定采用什么样的方法来开展研究。在整个研究过程中，研究者必须时刻保持科学严谨的态度，确保研究的真实性、客观性和可信度。为了避免研究结论受到个人偏见的影响，研究者应尽量运用实际案例和数据来支持论点。课题研究应以事实为基础，通过严密的逻辑推理和实证数据来保证结论的可靠性。

不同的研究方法有其各自的特点，数据收集方式也有所差异。每种方法都有各自的优势和适用范围，因此，研究者应根据研究问题的性质和研究目标，选择最适合的方法或结合多种方法进行综合研究。不同的研究方法可以相互补充和验证，从而提高研究的准确性和可靠性。

本节将对几种常用的研究方法进行简要介绍，帮助研究者选择适合其研究课题的方法。

一、文献研究法

文献研究法是一种通过收集、整理和分析文献资料,以探讨和阐述某一问题或领域的研究方法。这种方法主要通过深入研读和分析各种资料,如图书、期刊、报纸、政府公文、会议资料等,从而全面地、准确地了解所要研究的问题。

(一)步骤

1. 确定研究目的和范围

明确研究目的,并确定时间范围、研究领域、研究类型等限定条件。

2. 确定文献搜索策略

根据研究目的和范围,确定搜索关键词、数据库、期刊和会议等信息源,以确保获取全面和准确的相关文献。

3. 进行文献搜索

在相关的数据库、期刊和会议中进行文献搜索,利用关键词、搜索运算符和筛选条件,逐步缩小搜索结果的范围,以获取与研究主题相关的文献。

4. 阅读文献,收集信息

仔细阅读并记录好有用的信息,包括研究对象、研究方法、研究结果等。

5. 分类整理文献

根据主题、时间、作者等多个维度对文献进行分类整理,以便更好地组织和管理文献资源。

6. 分析和综合文献信息

分析和综合文献信息,注意文献之间的联系和对比,从而得到全面和深入的认知。

7. 撰写研究报告

在对文献信息进行充分的收集、分析、综合后,撰写研究报告。

(二)适用领域

文献研究法可以用于研究教育政策、课程和教学方法、管理理论等。

（三）对研究者的要求

文献研究法要求研究者具备较强的文献检索和阅读能力，熟悉各种文献的分类、编纂、传承等方面的知识。同时，研究者需要具有批判性思维，能够客观地评估文献的质量，以及准确地提取和分析文献中的信息。此外，研究者对研究领域的深入理解也是必不可少的，以便能够选择合适的文献并对其进行深入的分析和解读。

（四）优点

1. 超越时空限制

文献研究法不受时空限制，可以研究那些无法接触的研究对象。例如，对于历史上的事件或已经消失的文化现象，研究者可以通过查阅相关文献来获取资料。

2. 节省费用

相较于实地调查或实验研究，文献研究法不需要大量的物质和人力资源投入，成本较低。

3. 内容全面

通过广泛收集和分析文献，研究者可以全面了解某一问题或领域的历史、现状和发展趋势。

（五）缺点

1. 文献质量参差不齐

文献质量参差不齐，有些文献可能存在偏见或误导性信息，研究者需要仔细甄别和筛选。

2. 时效性不强

文献资料往往反映的是过去的情况和观点，可能无法完全反映当前的实际情况。因此，在使用文献研究法时，需要注意文献的时效性。

3. 缺乏深入观察

文献研究法主要依赖于已有的文字资料，无法像实地调查那样进行直接观察和深入访谈，可能无法获取一些重要的一手资料。

【例3-5】

研究题目	教育数字化进程的文献研究
研究目标	通过对教育数字化进程的文献进行深入研究,全面了解其发展历程、特点、影响因素及其对教学发展的影响
研究方法	文献收集:从图书、网络文献、学术数据库等渠道广泛收集关于教育数字化进程的文献资料,包括学术论文、专著、政策文件、新闻报道等
文献筛选	对收集到的文献进行筛选,选择具有代表性、权威性和时效性的文献作为研究的基础
文献整理	对筛选出的文献进行整理,按照时间顺序或主题分类进行归纳,以便后续的分析和比较
文献分析	对整理好的文献进行深入分析,提取关键信息,总结教育数字化进程的主要阶段、特点、影响因素及其对教学发展的影响
研究结果	通过文献研究,发现教育数字化进程经历了多个阶段,每个阶段都有其独特的特点和影响因素。例如,现阶段我国教育数字化进程明显加速,受到技术推动、人才需求、政策支持等多种因素的影响,教育数字化对教学发展产生了深远的影响,包括促进教学手段改变、学生学习方式改变,推动课程数字化改革等
研究结论	教育数字化进程是一个复杂而多元的过程,受到多种因素的共同影响。未来,随着中国信息技术的持续发展和政策环境的不断变化,教育数字化进程将继续深入发展,并呈现出新的特点和趋势

二、个案分析法

个案分析法,也称为案例分析法,是一种科学研究方法,它旨在通过深入探究一个或几个特定个体,揭示其在特定领域或问题上的行为、经验和态度。这种方法强调对单一的人或事进行具体而深入的研究,可以是对典型的或非典型的事物(现象)进行深入、周密而仔细的研究,从而获得总体认识。

(一)步骤

第一步:确定研究目的和问题,例如探究个人职业发展轨迹或特定群体对某一问题的反应。

第二步：选择具有代表性的研究对象，应考虑个体的一致性、典型性和可访问性等因素。

第三步：进行深入调查，包括访谈、观察和文献资料收集等手段，同时确保被调查者的隐私和权益得到保护。

第四步：收集数据后，进行分析以揭示行为模式、规律和特点，注意数据的可靠性、有效性和可解释性。

第五步：基于数据分析结果，得出结论并解释其含义，确保结论具有可靠性、可验证性和可推广性。

第六步：撰写报告，总结研究过程、结果和结论，以便其他研究者参考，报告应遵循规范、准确和易读的要求。

（二）适用领域

个案分析法在科学研究和实际工作中有着广泛的应用。个案分析法可以用来研究某个学生的学习习惯、心理状态或家庭背景，以便为其提供个性化的教育方案。个案分析法可以用来分析某个成功或失败的案例，从而总结经验和教训，指导未来的决策和实践。通过对特定个体的深入观察和分析，个案分析法可以揭示其心理发展、人际关系、情绪体验等方面的问题。

针对特定学生的个案研究，可以帮助教师和教育决策者了解学生的学习情况和需求，从而制定个性化教学计划和支持措施。个案分析法通过深入了解个案中人物的生活经历、行为模式、社会关系等揭示社会规律和特定社会群体的特征。个案分析法也可以用于培训和教育，作为一种归纳式学习方法，帮助学生掌握解决问题的一些基本方法和程序。同时，通过多个个案研究的比较，研究者可以找出规律性的内容，以指导实际工作。

（三）对研究者的要求

1. 研究设计的能力

研究者需要设计合理的研究方案，确保样本的代表性、有效性和可靠性。这要求研究者具备扎实的理论基础和研究方法知识，能够选择合适的个案，并制定出科学、系统的研究计划。

2. 沟通与合作的技巧

个案分析往往涉及与被研究者的深入交流和合作。研究者需要具备良好的沟通技巧和人际交往能力，能够与被研究者建立信任关系，有效地获取所需的信息和数据。

3. 数据分析与解释的能力

个案分析需要对收集到的数据进行有效的分析和解释。研究者需要具备扎实的分析和解释能力，能够对数据进行深入剖析，并提炼出有意义的结论。同时，研究者还需要具备批判性思维，能够对研究结果进行客观、全面的评估，避免主观偏见和误导。

4. 理论素养与假设检验

研究者需要具备扎实的理论素养，能够根据研究目的和问题提出合理的假设。在个案分析过程中，研究者需要不断检验和修正假设，确保研究结果与理论模型和假设相符，从而支持或否定相关理论。

5. 谨慎性与敏感性

个案分析涉及真实情境中的具体研究对象，研究者需要保持谨慎的态度，注意观察的方法和询问的技巧。同时，研究者还需要具备敏感性，能够捕捉到个案成长变化的细节，以及可能存在的潜在问题和影响因素。

6. 伦理意识与尊重隐私

在进行个案分析时，研究者需要严格遵守伦理规范，尊重个案的隐私和权益。研究者需要确保个案相关人员的知情同意，并保护个案的信息不被泄露或滥用。这体现了研究者对研究对象的尊重和对研究伦理的遵守。

（四）优点

1. 深入了解现象

个案分析允许研究者通过详细和深入的调查与观察，获取丰富且真实的数据和信息，有助于研究者更深入地了解现象的本质和产生的原因。

2. 精细分析问题

个案分析可以将整体问题细化为具体、翔实、系统的细节分析，有助于加深研究者对问题本质的认识，提高在理论和实践上的指导力。

3. 探索新领域

对于新领域的研究，个案分析可以作为先导，帮助研究者建立研究设计并收集数据，为该领域添加新的资料。

4. 灵活机动

个案分析可以采用多种研究方法，如访谈、观察、调查、测验等，适合实践工作者运用。

（五）缺点

1. 代表性有限

由于个案分析通常只关注一个或少数几个个体或事件，因此其结果可能不具有广泛的代表性，推论到总体时需要特别慎重。

2. 主观性较强

个案分析的结果往往受到研究者自身知识结构、能力等因素的影响，导致结论可能具有一定的主观性。

3. 费时费力

个案分析通常需要采用不同的方法收集各方面的资料，可能需要大量的时间和精力，对于研究者来说任务可能较为繁重。

4. 数据收集方式受限

由于针对的是特定的个体或事件，个案分析在数据收集和信息搜集方面可能存在一定的局限性，可能产生偏差，数据的可信度有待提高。

【例 3-6】

案例名称	青少年网络成瘾问题的个案研究
研究背景	近年来，青少年网络成瘾问题日益严重，对网络过度依赖，影响学业、生活和身心健康。本研究旨在通过个案分析法，深入了解一位青少年网络成瘾者的行为特征、心理机制及干预效果，为预防和干预青少年网络成瘾提供参考
研究对象	选取一位 15 岁的中学生小明（化名）作为个案研究对象。小明沉迷于网络游戏，每天花费大量时间上网，导致学习成绩下降，与家人关系紧张，情绪波动大

续表

研究方法	观察法：通过实地观察小明在家和学校的行为表现，记录其上网时间、内容、频率等。 访谈法：与小明及其家长、老师进行深入访谈，了解小明的成长经历、家庭环境、心理状态等。 文献法：查阅相关文献，了解青少年网络成瘾的成因、影响及干预措施
研究结果	小明自幼缺乏父母陪伴，家庭环境不和谐，学习成绩不佳，与同学关系紧张。这些因素导致其心理压力大，通过网络游戏逃避现实。 小明对网络游戏产生强烈的依赖心理，每天花费大量时间上网，忽视学业和社交活动。其情绪波动大，易怒、焦虑、抑郁等心理问题逐渐显现。 在干预过程中，研究者采取家庭干预、心理辅导和认知行为疗法等多种手段，帮助小明逐步减少上网时间，改善心理状态，提高学习成绩
结论与建议	青少年网络成瘾问题需引起广泛关注，家庭、学校和社会应共同努力，为青少年创造一个健康、和谐的成长环境。 针对青少年网络成瘾问题，应采取综合干预措施，包括家庭干预、心理辅导、认知行为疗法等，帮助青少年戒除网瘾，恢复正常生活。 家庭教育对于预防青少年网络成瘾具有重要意义。家长应关注孩子的成长需求，加强陪伴和沟通，引导孩子树立正确的价值观和人生观

三、访谈研究法

访谈研究法是一种通过与被访者进行口头交流来获取研究信息的方法。研究者通过与研究对象进行面对面的交流，获取深入和详细的信息。这种方法通常用于了解个体的经历、观点和情感。根据预定的计划，并围绕专门的主题，运用一定的工具或辅助工具，直接向被访者口头提问，并记录回答，以了解相关的社会实际情况。访谈研究法是一种既有独特优点又有局限性的研究方法，适用于特定的研究目的和场景。在使用该方法时，研究者应充分考虑其适用性，并结合其他研究方法，以获得更全面、准确的研究结果。

（一）步骤

1. 确定研究目的和对象

明确研究的目的和主题，并根据研究目的选择适合的研究对象。这可能包括特定的个人、群体、组织或社区等。

2. 制定访谈计划

根据研究目的和对象的特点，制定详细的访谈计划。这包括确定访谈的时间、地点、形式（如面对面、电话等），以及设计访谈的问题、访谈的流程和时间安排等。

3. 准备访谈工具

根据访谈计划，准备必要的访谈工具，如录音设备、纸笔、调查问卷等。这些工具可以帮助研究者记录访谈内容，确保后续的数据整理和分析工作顺利进行。

4. 与被访者沟通

在正式访谈之前，与被访者进行沟通，向其说明访谈的目的、重要性和保密性，并确认访谈时间和地点。如果需要，可以提供一份访谈指南，让被访者提前思考一些问题。

5. 进行正式访谈

按照事先制定的计划，进行访谈。在访谈过程中，研究者需要保持客观、中立的态度，避免提问偏颇或引导访谈对象。同时，要注意倾听被访者的回答，适时追问以获取更详细的信息。

6. 记录访谈内容

访谈过程中，对重要信息进行记录。可以选择录音、视频、笔记等方式，确保后续的整理和分析工作顺利进行。

7. 整理和分析访谈资料

访谈结束后，对记录的内容进行整理和分析。这包括将访谈记录转录成文字，分类整理访谈资料，以及运用相关的统计和分析方法，提取有用的信息和观点。

8. 得出结论

根据访谈资料的整理和分析，得出研究结论。这些结论可以回答研究问题，揭示研究主题的本质和特征，或者为相关政策和实践提供参考和建议。

需要注意的是，访谈研究法有多种形式，如结构访谈和非结构访谈。结构访谈对选择访谈对象的标准和方法、访谈中提出的问题、提问的方式和顺序等都有统一的要求；而非结构访谈则更加灵活，允许研究者根据访谈的进展和被访者的回答对内容进行调整。在实际研究中，可以根据研究目的和需要选择合适的形式或结合使用。

（二）应用领域

访谈研究法适用于那些需要深入了解人们的想法、经验、态度和行为的研究场景。

访谈研究法可以帮助研究者了解教师和学生的教学体验、学习习惯、教育观念等，从而评估教学质量和效果，为教育改革提供有力支持。通过访谈，研究者可以深入了解学校内部的教学风格、学校文化等，有助于评估学校的教学效果，为学校改进提供建议。访谈研究法还可以帮助研究者了解被访者的心理状态，进行满意度调研和个性研究等。

（三）对研究者的要求

1. 专业知识与技能

研究者需要具备扎实的专业知识，以便能够提出恰当的问题并准确理解被访者的回答。同时，研究者还需要掌握访谈技巧，如提问技巧、倾听技巧、观察技巧等，以确保访谈的顺利进行。

2. 良好的沟通与表达能力

研究者需要具备良好的沟通能力，能够与被访者建立信任关系，引导访谈走向，确保被访者愿意分享真实想法和经验。此外，研究者还需要具备清晰、准确的表达能力，以便将访谈内容准确记录并整理成研究报告。

3. 敏锐的洞察力与分析能力

研究者需要具备敏锐的洞察力，能够从被访者的回答中捕捉关键信息，发现问题的本质。同时，研究者还需要具备强大的分析能力，能够对访谈数据进行深入分析，提炼出有价值的结论。

4. 客观中立的态度

研究者应保持客观中立的态度，避免在访谈过程中对被访者产生偏见或引导其回答。研究者应尊重被访者的观点，避免将自己的主观意见强加给被访者。

5. 遵守伦理规范

研究者在进行访谈研究时，应遵守伦理规范，尊重被访者的隐私和权益。研究者需要确保被访者了解研究目的和过程，并征得他们的同意后再进行访谈。在访谈过程中，研究者应保护被访者的个人信息和隐私，不得将其泄露给第三方。

（四）优点

1. 深入了解

访谈研究法允许研究者与被访者进行深入的对话交流，研究者能够获取被访者对于某一主题或问题的详细观点和态度。这种深入的了解往往比问卷调查等更为细致和全面。

2. 灵活性

访谈研究法具有很高的灵活性。研究者可以根据被访者的回答和反应，灵活调整访谈的问题和方向，以便更深入地探索研究主题。同时，访谈也可以采用多种形式，如面对面、电话、在线访谈等，以适应不同场景和需求。

3. 建立信任

通过面对面的访谈，研究者可以与被访者建立信任关系，使被访者更愿意分享自己的真实想法和经历。这种信任关系有助于提高研究的可靠性和有效性。

4. 获取新发现

访谈研究法有助于研究者发现新的研究问题和观点。在与被访者的交流过程中，研究者可能会得到一些意想不到的信息和启示，从而推动研究的深入和发展。

（五）缺点

1. 耗时和成本高

访谈研究法需要投入大量的时间和精力。研究者需要与被访者进行深入的对话交流，整理和分析访谈数据也需要花费大量时间。此外，如果访谈需要跨地区进行，还需要考虑交通和住宿等成本问题。

2. 主观性较强

访谈研究法容易受到研究者主观性的影响。研究者的提问方式、访谈技巧及个人偏见等都可能影响被访者的回答。

3. 缺乏代表性

由于访谈研究法通常涉及的人数较少，因此可能缺乏代表性。研究结果可能只反映了一部分人的观点，难以推广到更大的群体。

4. 访谈技巧要求高

有效的访谈需要研究者具备良好的沟通技巧和访谈技巧，以便引导被访者提供有价值的信息。如果研究者缺乏这些技巧，可能导致访谈效果不佳，影响研究的质量。

【例3-7】

教育领域案例：《提升课堂合作学习效率的研究》

研究者发现部分学生不愿意与其他学生合作学习，担心影响自己的学习进程。为了解决这个问题，研究者通过访谈学生，了解他们对合作者的期待和看法，并征求改进意见。访谈中，研究者使用录音设备记录访谈内容，以便后续整理和分析。通过访谈，研究者收集到学生对合作者的多种观点和建议，为改进课堂合作学习提供了重要参考。

【例3-8】

社会学领域案例：《公立学校设立文化社团的合理性研究》

研究者通过访谈老师、学生和学校领导，论证设立学校文化社团的合理性。在访谈学校领导时，研究者围绕学生需求、教育资源配置、教育目标与教师配置、教学课程设置等方面提出问题。通过访谈，研究者了解到文化社团在不同相关者眼中的优缺点，为政策制定提供了实证依据。

【例3-9】

心理学领域案例:《学习压力对学生心理健康的影响研究》

研究者选取了一定数量的学生作为访谈对象,通过深度访谈了解他们在学习中的压力来源、应对策略和心理健康状况。在访谈过程中,研究者运用倾听、提问和反馈等技巧,引导被访者深入分享自己的经历和感受。通过对访谈资料的分析,研究者发现学习压力对学生的心理健康产生了显著影响,并提出了相应的干预措施。

四、行动研究法

行动研究法以某些行动对组织系统的影响作为主要研究对象,侧重于对行动本身的研究,以探索某项行动在实践中的运用和可能收到的效果。这种方法强调实践者在行动中为解决自身问题而参与进行的,有计划、有步骤、有反思的研究。它既是一种方法,也是一种新的科研理念、研究类型。

（一）步骤

1. 计划

问题诊断：明确研究的问题或需要改进的领域,通常基于实践中的观察、经验或特定需求。

文献回顾：查阅相关文献,了解已有的研究成果和理论,为行动计划提供理论支持。

设定目标：根据问题诊断的结果,设定具体、可衡量的研究目标。

制定计划：制定行动计划,包括研究方法、数据收集方式、实施步骤等。

2. 行动

实施计划：按照行动计划进行实践,包括教学实验、干预措施、政策实施等。

观察记录：在实施过程中,详细记录行动的过程、参与者的反应、遇到的问题等。

3. 观察

数据收集：通过问卷、访谈、观察等方式，收集关于行动效果的数据。

数据分析：对收集到的数据进行整理、分析，以评估行动的效果。

4. 反思

效果评估：根据数据分析的结果，评估行动是否达到了预期的目标。

问题识别：识别在行动过程中遇到的问题或障碍，分析其原因。

反思总结：对整个行动过程进行反思，总结成功的经验和教训。

5. 总结

撰写报告：将研究过程、结果和反思整理成报告，以供他人参考。

调整计划：根据最终结果，调整行动计划，为下一轮行动研究做准备。

这五个步骤并不是线性的，而是一个循环往复的过程。在行动研究中，研究者通常需要根据实际情况不断调整计划，并在实践中不断学习和改进。这种循环往复的过程有助于研究者深入理解问题，找到有效的解决方案，并推动实践创新。

（二）适用领域

行动研究法主要适用于针对教育实际情境而进行的研究，以及中小规模的、具体且实际的研究问题。这种方法强调实践者在行动中为解决自身问题而参与进行的有计划、有步骤、有反思的研究。其特点在于研究者和研究对象共同参与研究过程，通过实践行动来解决问题。

在教育领域，行动研究法常用于解决教育实践中的具体问题，如学生的学习问题、教学方法的改进、课程设计的优化等。通过观察和反思，教育工作者能够发现教育问题，提出解决方案，并在实践中实施和检验。这种方法不仅有助于提高学生的学习效果，也能提升教育工作者的教育能力和专业素养。

此外，行动研究法也适用于组织管理，例如可以利用行动研究法来改善服务，提高协作效率或制定战略，解决实际操作中的问题，提升服务质量和组织效能。

（三）对研究者的要求

1. 专业知识与实践经验

研究者需要具备扎实的相关领域的专业知识，以便能够准确理解和分析问题。同时，一定的实践经验也是必不可少的，这有助于研究者更好地把握实际情境，提出切实可行的解决方案。

2. 敏锐的观察力与反思能力

研究者需要敏锐地观察研究对象的行为和变化，从中发现问题和规律。此外，反思能力也至关重要，研究者需要不断反思自己的研究过程和方法，以优化研究方案和提高研究质量。

3. 良好的沟通与协作能力

行动研究通常涉及与实践者的紧密合作，因此研究者需要具备良好的沟通能力，以便与实践者建立有效的合作关系。同时，协作能力也是不可或缺的，研究者需要与其他研究人员以及实践者共同协作，共同推进研究进程。

4. 灵活性与适应性

由于行动研究是一个不断迭代和修正的过程，研究者需要具备较高的灵活性与适应性，能够根据实际情况及时调整研究方案和方法。

5. 严谨的研究态度与伦理素养

研究者需要保持严谨的研究态度，确保研究的准确性和可靠性。同时，伦理素养也是不可忽视的，研究者需要遵守相关的伦理规范，保护研究对象的权益和隐私。

6. 持续学习与自我提升

行动研究是一个不断学习和进步的过程，研究者需要保持持续学习的态度，不断更新自己的知识和技能。研究者还要通过参加培训、阅读文献、交流经验等方式，不断提升自己的研究能力和水平。

（四）优点

1. 较高的适应性和灵活性

行动研究法能够根据具体情境和问题，灵活调整研究方案和实施策略。

它不需要严格遵循预设的研究计划，而是允许研究者在实践过程中进行适当的调整和修改。

2. 理论与实践相结合

行动研究法强调将理论应用于实践，并在实践中检验和发展理论。这使研究者能够更深入地理解教育现象，提出更具针对性的解决方案。

3. 促进实践者的专业发展

行动研究法鼓励实践者（如教师）积极参与研究过程，通过反思和实践，提升自身的专业素养和解决问题的能力。

4. 有效解决实际问题

由于行动研究法直接针对实践中的问题展开，因此其研究结果往往能够直接应用于解决实际问题，提高教育教学质量。

（五）缺点

1. 研究过程松散、随意

相比于其他研究方法，行动研究法的研究过程可能显得较为松散和随意。这会导致研究结果的可靠性和有效性受到一定程度的影响。

2. 研究样本受限

行动研究法通常基于具体情境和问题进行，因此其研究样本可能受到一定限制。这使研究结果的代表性可能受到质疑，难以推广到更广泛的情境中。

3. 主观性较强

由于行动研究法强调研究者的主观体验和反思，因此其研究结果可能具有较强的主观性。这会导致研究结果受到研究者的个人偏见或主观认知的影响。

4. 对研究者的能力要求较高

行动研究法需要研究者具备较高的洞察力和反思能力，能够深入理解和分析实践中的问题。同时，研究者还需要具备一定的跨学科知识和研究技能，以便更好地进行实践探索和创新。

【例3-10】

幼儿教育行动研究案例

一、问题描述

在幼儿教育中,教师发现小班幼儿在图书阅读方面存在一些问题。比如,幼儿尚未养成良好的阅读习惯,导致图书区里的图书容易破损。幼儿对一些反复修补的图书失去了吸引力,幼儿对阅读的兴趣逐渐减弱。因此,如何激发幼儿对阅读的兴趣,培养良好的阅读习惯,成为教师需要解决的重要问题。

二、行动计划

（一）观察与诊断

教师首先观察幼儿在图书区的活动情况,记录他们的阅读行为和兴趣点。同时,与幼儿进行访谈,了解他们对图书的喜好和需求。

（二）制定干预措施

基于观察和访谈的结果,教师设计了一系列干预措施。针对图书破损问题,教师引导幼儿参与图书的修补工作,让他们意识到保护图书的重要性。为了激发幼儿的阅读兴趣,教师挑选了一些有趣的绘本,并设计了一系列与绘本内容相关的互动活动。

（三）实施与调整

教师在图书区实施干预措施,并密切关注幼儿的反应和变化。在实施过程中,教师根据幼儿的实际情况和需求,对干预措施进行适当的调整和优化。

三、行动结果

经过一段时间的干预,教师发现幼儿对阅读的兴趣有了明显的提升。他们开始主动参与图书的修补和阅读活动,与同伴之间的交流和互动也变得更加频繁和深入。同时,幼儿的语言表达能力和想象力也得到了有效地提升。

四、反思与总结

通过本次行动研究,教师深刻认识到幼儿阅读教育的重要性和复杂性。教师也意识到,要激发幼儿的阅读兴趣,不仅需要提供有趣的绘本和互动活动,还需要关注幼儿的需求和兴趣点,引导他们积极参与,体验阅读的乐趣。

同时，教师也反思了自己在干预措施设计和实施过程中的不足和需要改进的地方，为今后的教育实践提供了宝贵的经验和启示。

五、调查研究法

调查研究法是研究者有目的、有计划地运用问卷、访谈等方式，收集有关教育现象及问题的实证资料，进而分析、探讨、解释和说明研究问题的研究方法，是一种灵活且多功能的研究方法，适用于多个领域和多种情境。

（一）步骤

1. 确定研究问题

确定研究问题是调查研究的核心，需要明确研究目的、研究对象、研究范围和研究方法。

2. 制定研究方案

制定研究方案是研究问题的具体实施计划，包括研究设计、研究方法、研究工具和研究样本等。在制定研究方案时，需要考虑研究的可行性、研究成本和研究效果等因素，确保研究方案能够达到预期目标。

3. 收集研究数据

收集研究数据是研究方案的实施过程，包括问卷调查、实地观察、访谈和实验等方法。在收集研究数据时，需要注意数据的有效性、可靠性和客观性，保证数据的真实性和准确性。

4. 分析研究数据

分析研究数据是研究数据的重要环节，包括数据清洗、数据统计和数据解释等过程。在分析研究数据时，需要运用适当的统计方法和工具，得出客观的结论和推论。

5. 撰写研究报告

撰写研究报告是对所研究的课题做出合理的解释，发现并分析问题，提出相关建议。

以上步骤并不是孤立的，而是相互关联、相互影响的。在整个调查研究过程中，研究者需要根据实际情况不断调整和完善研究方案，确保研究的准确性和有效性。同时，研究者还需要遵守相关的伦理规范，保护研究对象的权益和隐私。

（二）适用领域

调查研究法适用领域非常广泛，几乎涵盖了社会科学和自然科学的各个领域。

调查研究是理解人们的行为、态度和价值观等社会现象的重要手段。通过调查研究，可以评估人们的接受度，制定更有效的策略和服务推广方案。

教育研究人员可以通过调查研究了解学生的学习情况、教师的教学效果，以及教育政策的实施效果，为教育改进和创新提供科学依据。

（三）对研究者的要求

在开始调查研究之前，研究者需要清晰地界定研究目的和要解决的具体问题。这有助于指导整个研究过程，确保数据收集和分析的针对性。

1. 具备扎实的专业知识

研究者应对研究领域有深入的了解，熟悉相关理论和研究方法。这有助于研究者设计出合理的调查方案，选择合适的调查工具，并准确地解读和分析数据。

2. 掌握调查研究技能

研究者需要掌握问卷设计、访谈技巧、数据分析等调查研究的基本技能。这些技能将有助于研究者有效地收集数据，并从数据中提取有价值的信息。

3. 保持客观公正的态度

研究者在调查过程中应尽量避免主观偏见和预设立场，以客观公正的态度对待数据和结果。

4. 遵守伦理规范

研究者在进行调查研究时，应尊重被调查者的权益和隐私，遵守相关的伦理规范。研究者需要确保被调查者在参与研究时了解研究目的和过程，并自愿参与调查研究。

5. 注重团队合作与沟通

调查研究往往需要多个研究者协作完成，因此研究者需要具备良好的团队合作和沟通能力。研究者需要与团队成员密切合作，共同解决研究过程中遇到的问题，确保研究的顺利进行。

（四）优点

调查研究法适用于各种研究领域，可以根据具体的研究需求进行灵活调整，适用范围广，数据收集丰富。通过问卷调查、访谈等方式，研究者可以收集到大量的量化或定性数据，有助于全面、深入地了解研究对象。同时，调查研究法可操作性强，有一套完整的操作程序，易于学习和掌握，便于研究者实际操作。

（五）缺点

1. 易受主观性影响

在调查研究过程中，无论是问卷设计、访谈提问还是数据分析，都可能受到研究者主观性的影响，导致结果出现偏差。

2. 样本代表性不足

样本的选择与代表性对调查研究结果的准确性至关重要。如果样本选择不当或代表性不足，可能导致结果出现偏差。

3. 回答可能会出现偏差

被调查者在回答问题时可能受到记忆限制、理解偏差或情感因素的影响，导致回答不真实或不准确。

4. 受时间和资源限制

调查研究通常需要投入大量的时间和资源，包括问卷设计、数据收集、整理和分析等。在资源有限的情况下，可能难以进行大规模的调查研究。

【例3-11】

学生对社团课程设置满意度的调查研究

一、研究背景与目的

随着德智体美劳全面发展目标的建立，社团活动成为学校教学内容的重要环节，其课程质量直接影响学生身心素质的发展和提高。因此，本研究旨在通过调查研究法，了解学生对学校社团课程设置的满意度，为学校提供决策参考。

二、研究方法与步骤

（一）明确研究问题

确定研究的核心问题为"学生对社团课程设置的满意度"。

（二）设计调查问卷

根据研究问题，设计包含基本信息、课程参与情况、满意度评价等多个维度的调查问卷。

（三）样本选择与数据收集

采用随机抽样的方法，在学校的不同年级选择样本，通过线上和线下相结合的方式发放问卷，收集数据。

（四）数据分析与解读

运用统计分析软件对收集到的数据进行处理和分析，得出学生对社团课程设置的满意度情况，并深入挖掘影响满意度的因素。

三、研究结果与发现

调查研究发现，学生对社团课程设置的满意度较高，但在某些方面如课程次数、课程种类安排等仍存在不足。同时，不同年级、性别的学生的社团课程设置满意度存在显著差异。

四、研究结论与建议

基于研究结果，提出以下结论和建议：

学校应进一步优化课程次数和课程类别布局，满足学生的各类需要。

加强课程内容的规范设置，提高学生的参与体验。

针对不同群体的需求，提供差异化、个性化的课程服务。

五、研究意义与展望

本研究不仅有助于了解学生对社团课程设置满意度的情况，还为学校提供了决策参考和改进方向。未来，可以进一步拓展研究范围，如比较不同学科课程和各年级课程的服务质量，为学校教育的持续发展提供更多有益的启示。

六、实验研究法

实验研究法是一种在可控的教育情景中，依据一定的理论假设，有目的地改变一些教育因素（自变量），控制无关因素，观察记录另一些教育因素的变化，最后通过统计分析来找到两类教育因素之间的内在联系，从而验证理论假设的方法。

（一）步骤

1. 提出假设

提出假设是研究过程的起点，假设基于对特定问题的理解和理论背景，提出变量之间可能存在的因果关系或相关性的预测。

2. 设计实验方案

设计实验的具体步骤和程序，包括确定自变量、因变量和可能的控制变量，选择合适的实验对象，确定实验的具体操作过程等。这一阶段还需要明确实验的目的、预期结果、实验的条件和范围。

3. 实验准备

在实验开始之前，需要准备好所有需要的实验工具、设备及实验材料，并确保实验环境的安全和稳定。同时，也需要对实验对象进行适当的预处理或选择，以确保实验结果的准确性和可靠性。

4. 实施实验

按照实验方案进行实验操作，严格控制实验条件，尽可能排除无关变量的干扰。在实验过程中，应详细记录实验数据和观察结果，以便进行后续的数据分析和结果解释。

5. 数据收集与分析

对实验过程中收集到的数据进行整理、分类和统计分析，以检验实验假设是否成立。这一步骤通常需要使用统计软件或其他数据分析工具。

6. 验证假设

根据数据分析的结果，对提出的假设进行验证。如果实验数据与假设的预期结果相符，那么假设可能得到支持；如果不符，则需要对假设进行修正或重新考虑。

7. 实验结果解释与讨论

根据实验结果，对实验现象进行解释，并讨论其意义和影响。这一步骤需要对实验结果进行深入分析，以揭示其背后的原理和机制。

8. 撰写实验报告

将实验过程、结果和结论整理成报告，以供他人查阅和参考。实验报告应详细记录实验的所有步骤和结果，并给出对实验结果的合理解释。

（二）适用领域

实验研究法是一种科学研究方法，其应用领域广泛且多样。这种方法在自然科学领域，如生物学、化学、物理学等得到了广泛应用。研究者可以通过实验研究法来观察、验证和发现各种自然规律和现象。例如，在生物学中，实验研究法可以用于观察植物的生长过程、动物的行为习性等；在化学中，实验研究法可以用于合成新的化合物、研究化学反应的速率等；在物理学中，实验研究法则可以用于验证物理定律、测量物质的物理性质等；在教育学中，实验研究法被用于研究教学方法、学习策略等对学生学习成果的影响；在社会学中，实验研究法被用于帮助理解社会现象和社会行为背后的原因和机制。

（三）对研究者的要求

1. 专业知识与技能

研究者需要具备扎实的专业基础知识，熟悉实验所涉及的理论框架和研究方法。此外，研究者还应掌握实验设计和操作所需的技能，能够独立完成实验过程，并具备对实验结果的准确分析和解读能力。

2. 严谨的科学态度

研究者应保持严谨的科学态度，避免主观臆断和偏见对研究结果的影响。同时，研究者应严格遵守实验研究的伦理规范，确保实验过程不会对参与者或实验对象造成不必要的伤害。

3. 精细的实验操作

研究者需具备精确、细致的实验操作能力，能够严格按照实验方案进行实验，确保实验的稳定性和一致性。此外，研究者还应具备敏锐的观察力和判断力，能够及时发现并解决实验过程中出现的问题。

4. 数据处理与分析能力

研究者应掌握数据处理和分析的基本方法，能够对实验数据进行有效的统计和分析，得出准确的结论。同时，研究者还应具备批判性思维，能够对实验结果进行深入解读和讨论，提出有价值的见解和建议。

5. 团队协作与沟通能力

实验研究往往需要多人协作完成，因此研究者应具备良好的团队协作精神和沟通能力，能够与团队成员有效合作，共同推进研究进程。此外，研究者还应具备向非专业人士解释研究成果的能力，以便将研究成果更好地应用于实际领域。

（四）优点

1. 因果关系明确

实验研究法通过操作自变量来观察因变量的变化，能够直接揭示变量之间的因果关系，为科学研究提供有力的证据。

2. 控制变量灵活

实验者可以系统地控制实验条件，减少无关变量的干扰，从而更准确地观察自变量对因变量的影响。

3. 结果可靠性高

由于实验条件可以严格控制，实验结果的可靠性较高，容易进行重复验证。

4. 适用性广

实验研究法不仅适用于自然科学领域，还可以应用于社会科学和人文科学等领域，具有广泛的应用前景。

（五）缺点

1. 外部有效性受限

实验环境往往与现实生活存在差距，因此实验结果可能难以直接推广到实际情境中。

2. 伦理问题

某些实验可能涉及伦理问题和潜在伤害，这要求研究者在进行实验时必须严格遵守伦理规范。

3. 成本较高

实验研究通常需要投入大量的人力、物力和时间，包括实验设计、设备购置、数据收集和分析等，成本相对较高。

4. 样本代表性受限

实验研究的样本通常较为有限，可能难以代表整体情况，从而影响结果的普适性。

综上所述，实验研究法具有因果关系明确、控制变量灵活等优点，但也存在外部有效性受限、伦理问题、成本较高和样本代表性受限等缺点。在实际应用中，研究者需要根据研究问题和条件权衡利弊，选择适合的研究方法。

【例3-12】

心理学领域的记忆实验研究

研究者为了探究不同记忆方法对记忆效果的影响，选取了一组学生作为实验对象。实验过程中，研究者将学生分为两组，分别采用不同的记忆方法进行单词记忆训练。一组学生采用传统的机械记忆方法，而另一组学生则采用联想记忆方法。经过一段时间后，研究者对两组学生进行记忆测试，比较他们的记忆效果。结果发现，采用联想记忆方法的学生在记忆测试中的表现明显优于采用机械记忆方法的学生。通过这个实验，研究者验证了不同记忆方法对记忆效果的影响，为教育学和心理学领域提供了有价值的参考。

【例3-13】

生物学领域的植物生长实验

为了探究光照对植物生长的影响，研究者选取了一批相同的植物种子，并将它们分为两组。一组植物在充足的光照条件下生长，而另一组植物则在光照不足的环境中生长。在实验过程中，研究者严格控制了其他可能影响植物生长的因素，如水分、温度和土壤质量等。经过一段时间后，研究者比较了两组植物的生长情况。结果发现，充足光照下的植物生长更为茂盛，叶片颜色更为鲜绿。通过这个实验，研究者揭示了光照对植物生长的重要影响，为农业生产和园艺设计提供了科学依据。

【例3-14】

物理学领域的力学实验

在物理学领域，研究者通过实验研究法探究力学定律。例如，通过设计实验装置，研究者可以测量不同物体在不同力作用下的运动情况，从而验证牛顿运动定律。这类实验不仅有助于加深对力学原理的理解，还为工程设计和实际应用提供了理论基础。

七、实地观察法

实地观察法是指观察者有目的、有计划地运用自己的感觉器官或借助科学观察工具，能动地了解处于自然状态下的社会现象的方法。它要求观察者亲自前往现场，通过直接接触和亲自观察来收集实际信息和数据，从而得出科学的结论和分析。这种方法强调对观察对象的直接感知和审视，并在积累的感性材料和数据的基础上进行理论分析。

（一）步骤

1. 明确研究目的

在开始实地观察之前，首先要明确研究目的。研究目的可以是了解特定现象的发生原因、探索某个群体的行为模式、评估某项政策的实施效果等。研究者要根据研究目的，选择适当的观察场所和适合的对象。

2. 制定观察计划

明确观察的具体内容、方式、设备和手段。同时，根据观察目的和人力、经费，确定观察对象的范围和数量。

3.培训观察人员

确保观察人员了解观察目的、方法和注意事项，以提高观察的准确性和有效性。

4.准备观察工具

根据观察需求，观察人员需准备相应的观察工具，如记录卡、记录表格、照相机、录音笔等。

5.进入观察环境

在观察开始前，观察人员需要进入观察环境，与观察对象建立良好的关系。

6.进行实地观察

在观察过程中，观察人员需要集中注意力，对需要观察的各个方面和环节进行观察研究。同时，要注意灵活安排观察程序，尽可能减少观察活动对被观察者的影响。此外，观察与思考应结合起来，以便更好地发现问题。

7.记录观察信息

观察人员需要及时、准确地记录观察到的信息。记录包括文字描述、照片、录音等多种方式。记录要尽可能详尽，不仅要记录主要事实和情节，最好还能记录细节。

8.整理和分析数据

观察结束后，需要对收集到的数据进行整理和分析。这包括将观察记录进行归类、统计和分析，以得出科学的结论。

9.撰写观察报告

根据整理和分析的数据，撰写详细的观察报告。报告包括观察过程、观察结果、分析讨论，以及结论和建议等内容。

在整个过程中，研究者应保持客观、公正的态度，避免主观臆断和偏见对研究结果的影响。同时，研究者还应遵守相关的伦理规范，确保研究的合法性和道德性。

（二）适用领域

研究者可以通过直接观察社会群体的互动、行为和关系，从而深入了解社会现象，揭示社会结构和变迁的规律。例如，研究者可以观察和分析学生在课堂和校园环境中的行为，以评估教学质量和教育政策的效果。

在地理学和生态学领域，实地观察法是获取第一手资料的重要途径。研究者可以通过观察自然环境的地理特征、生物种群的分布和互动，以及生态系统的平衡与变化，从而深入了解地理现象和生态规律。

在政策规划与设计领域，实地观察法有助于研究者了解研究对象的具体情况。通过观察和分析这些实际情况，研究者可以为规划者提供有针对性的建议和解决方案，以改善被研究者的学习情况。

实地观察法因其直观性和深入性，在许多领域都具有重要的应用价值。

（三）对研究者的要求

1. 专业知识和理论素养

研究者应具备扎实的相关领域专业知识，熟悉相关理论和研究方法。这样，研究者才能对研究对象进行准确的观察和解读，提出有针对性的研究问题，并合理设计研究方案。

2. 敏锐的观察力和洞察力

实地观察法要求研究者具备敏锐的观察力和洞察力，能够捕捉研究对象的行为、语言和情感等方面的细微变化。研究者要善于观察和分析，从中发现有价值的信息和规律。

3. 良好的沟通能力和人际交往能力

在实地观察过程中，研究者需要与研究对象建立良好的关系，进行深入的交流和互动。因此，研究者应具备良好的沟通能力和人际交往能力，能够与研究对象进行有效的沟通和合作。

4. 耐心和毅力

实地观察法往往需要长时间地观察和记录，研究者需要投入大量的时间和精力。因此，研究者应具备耐心和毅力，能够持之以恒地进行实地观察。

5. 客观公正的态度

研究者应保持客观公正的态度，避免主观偏见对研究结果的影响。在实地观察过程中，研究者应尊重研究对象的意愿和隐私，遵守伦理规范，确保研究的合法性和道德性。

6. 数据分析和解读能力

实地观察收集到的数据需要进行整理、分析和解读。研究者应掌握相关的数据分析方法和技巧，能够对数据进行有效的处理和分析，得出准确的结论和启示。

（四）优点

1. 直观性

实地观察法能够直接观察研究对象的实际行为，从而获取真实、生动的第一手资料。这种直观性有助于研究者深入了解研究对象的特点。

2. 可靠性

实地观察法通常不涉及语言交流，因此能够避免误解和干扰，提高研究结果的可靠性。特别是在不需要进行语言交流的社会现象调查中，实地观察法具有独特的优势。

3. 灵活性

实地观察法可以根据研究需要随时随地进行，观察人员可多可少，观察时间可长可短。这种灵活性使得实地观察法能够适应各种复杂多变的研究环境。

4. 深入性

通过实地观察，研究者可以深入了解被观察者在不同情况下的具体表现，从而揭示现象的细微差异。

（五）缺点

1. 表面性与偶然性

实地观察法往往只能观察表面现象和偶然事件，难以揭示现象的本质和深层次的原因。此外，由于观察时间和地点的限制，观察结果可能具有一定的偶然性。

2. 主观性与差异性

实地观察法受观察者的主观性的影响较大，不同观察者可能会对同一现象产生不同的理解和解释。此外，观察者的个人素质和经验也会对观察结果产生影响。

3. 难以控制变量

在自然状态下，观察者往往难以控制和影响被观察者的行为和事件的发展。这可能导致观察者无法观察到与研究有关的关键行为和事件。

4. 时间成本高与精力投入大

实地观察法需要研究者投入大量的时间和精力进行观察和记录。对于长期、大范围的观察研究，这可能会成为一项艰巨的任务。

【例3-15】

案例名称	本地区贫困生生活状况研究
研究背景	为了深入了解本地区贫困生的生活状况，了解其面临的困境和挑战，区教研员决定采用实地观察法开展相关研究
研究方法	选择研究地点：研究者选择了一个具有代表性的贫困社区学校作为研究地点，该校区的贫困率较高。 深入观察：研究者通过多次走访、长期调查，对贫困生的日常生活、学习、交往等方面进行了深入观察。他们记录了贫困生的居住条件、饮食状况、家庭收入来源及社交活动等细节，获取了第一手资料。 访谈与问卷调查：研究者与贫困生进行了面对面的访谈，了解他们的家庭背景、教育经历、学习状况及心理感受等。同时，还发放了问卷，以收集更广泛的数据和信息。
研究结果	通过实地观察，研究者发现贫困生群体面临着多重困境。他们居住在破旧、拥挤的房屋中，生活条件较差；大多数贫困生缺乏家长足够的关注，缺少课外学习条件；他们的社交活动匮乏，心理压力巨大
研究意义	这一案例展示了实地观察法在贫困生问题研究中的应用价值。通过深入观察和访谈，研究者能够直接了解贫困生的生活状况和需求，为管理者制定有针对性的奖学金帮扶政策提供了重要依据。同时，该研究也提高了公众对贫困生问题的关注和认识，有助于推动社会公平和正义

八、模拟法（模型方法）

模拟法（模型方法）是指在一定的假设条件和数据前提下，借助仿真技术来估算任务和研究某一现象的方法。它是通过建立模型来模拟现实世界的某种现象。比较常用的模拟法有蒙特卡罗模拟、三角模拟等。模拟法的计算量很大，通常在计算机的辅助下工作，可以计算和确定每个任务，以及整个项目中各项任务工期的统计分布。

（一）步骤

1. 明确研究目标

明确研究目标是模拟法的第一步，需要根据研究领域和问题的特点，确定要研究的目标系统。例如，在物理学中，可以选择模拟天体运动；在统计学中，可以选择模拟情况变化。

2. 建立模型

建立模型是模拟法的核心步骤。模型是对目标系统的简化描述，包括系统的结构、行为和性能等方面。根据研究目标的不同，研究者可以选择不同类型的模型，如数学模型、物理模型、计算机模型等。建立模型时，研究者需要考虑系统的关键因素和相互作用，以及模型的准确性和可行性。

3. 对模型进行研究

对模型的研究有两种主要形式。一种是静态观察和研究，即分析模型在静止状态下的特性和属性；另一种是动态研究，即让模型运行起来，通过观察模型在运行过程中的变化，掌握其本质和特征。

4. 从模型到原型

从模型到原型就是将模型研究的结果应用到实际的目标系统中，也就是将对模型的理解和分析结果外推到被模拟的研究客体上，从而得出对实际问题的解决方案或预测。

需要注意的是，不同的研究领域和问题可能需要不同的模拟方法和步骤。在实施模拟法时，应根据具体情况灵活调整，确保模拟结果的准确性和有效性。同时，模拟法的实施也需要一定的专业知识和技术支持，因此，进行模拟研究的人员需要具备相应的专业素养和技能。

（二）适用领域

在认知心理学、发展心理学、社会心理学、学习心理学和心理治疗等领域，模拟法常被用于研究心理现象和行为。通过模拟不同的情境和条件，心理学家可以更深入地了解人类思维和行为的规律，为心理咨询和治疗提供科学依据。

随着技术的发展，模拟法的应用领域还在不断扩大。例如，蒙特卡罗模拟法在风险评估和预测、优化问题求解、数值模拟，以及机器学习和人工智能等领域有了广泛应用。

（三）对研究者的要求

1. 深厚的专业知识

研究者需要具备扎实的专业知识基础，对所研究的领域和问题有深入的了解。这有助于研究者准确建立模型，合理设定参数，并有效解读模拟结果。

2. 良好的建模能力

模拟法的核心在于建立能够反映实际问题或现象的模型。研究者需要具备良好的建模能力，能够根据实际情况选择适当的模型类型，并准确描述系统中的各个因素和变量。

3. 熟练掌握模拟软件

模拟实验通常需要使用专业的模拟软件进行操作。研究者需熟练掌握这些软件的使用方法，能够独立完成模型的构建、运行和结果分析。

4. 敏锐的洞察力和分析能力

研究者需要具备敏锐的洞察力和分析能力，能够从模拟结果中提取有价值的信息，发现系统中的规律和趋势，并对其进行深入的分析和解释。

5. 严谨的研究态度

模拟法要求研究者具备严谨的研究态度，能够认真对待每一个步骤和细节，确保研究的准确性和可靠性。同时，研究者还需要具备批判性思维，能够对模拟结果进行合理的质疑和验证。

6. 良好的沟通能力和团队协作精神

模拟研究往往需要与其他研究者或团队成员进行合作。因此，研究者需要具备良好的沟通能力和团队协作精神，能够与他人有效交流、分享经验并共同解决问题。

（四）优点

1. 灵活性高

模拟法可以根据不同的研究问题和需求，设置不同的参数和条件，从而得到所需要的统计结果。这使得模拟法能够适应多种不同场景，具有广泛的应用范围。

2. 综合性强

模拟法能够综合考虑系统中的多个因素和变量，以及它们之间的相互作用。这有助于研究者全面理解系统的运行机制和性能。

3. 成本低

通过模拟实验，可以在不实际构建原型或进行实地实验的情况下，对系统进行研究和评估，这大大降低了研究成本和时间。

4. 可预测性

模拟法可以预测系统在不同条件下的行为和性能，为决策提供支持。

（五）缺点

1. 模型简化

模拟法通常需要建立模型来代表实际系统，而模型的建立往往需要对系统进行一定程度的简化。这可能导致模拟结果与实际情况存在一定的偏差。

2. 过度依赖参数

模拟结果的准确性往往依赖于参数的选择。如果参数设置不当，可能导致模拟结果失真。

3. 计算量大

对于一些复杂的系统或问题，模拟法可能需要大量的计算资源和时间。这增加了研究的难度。

4. 难以完全模拟现实

尽管模拟法可以尽可能地模拟现实情况，但由于现实世界的复杂性和不确定性，模拟结果往往难以完全反映实际情况。

【例3-16】

案例名称	课程设置模拟研究
研究背景	随着新高考选科制的实施，课程表设置问题凸显，给学校的课程分班安排带来了诸多困扰。为了有效保障教学进度，满足课程设置和师资安排需要，研究者采用模拟法对课程设置问题进行深入研究
研究方法	数据收集：研究者首先收集每科目学生选课数量、需上课节数、学科教师人数、上课总学时等方面的实际数据。这些数据是建立模拟模型的基础。 模型建立：基于收集的数据，研究者使用专业的表格模拟软件建立课程模型。该模型能够模拟不同时间、不同学科的关键指标。 模拟实验：在模型建立完成后，研究者进行了一系列的模拟实验。他们通过调整班级数量设置、课程设置、改变课节等方式，观察模型中的变化，并记录相关数据。 结果分析：研究者对模拟实验的结果进行了深入分析，找出了造成课程安排不恰当的影响因素和调整方案。研究者最终发现，通过调整班级数量、调整课时上下午设置、增减教师课时量等措施，可以有效解决课程需要问题
研究意义	通过模拟法，研究者成功地解决了课程设置问题，为学校制定新高考选科制课程表提供了科学依据。同时，该研究还为教师值班、监考安排等研究提供了有益的参考和借鉴。 此外，该案例也展示了模拟法在实际问题中的应用价值。通过模拟实验，研究者可以在不干扰现实世界的情况下，对复杂系统进行深入研究和探索，为实际问题的解决提供有力支持。 需要注意的是，每个模拟法案例都有其独特的研究背景、方法和意义。因此，在实际应用中，研究者需要根据具体情况选择合适的模拟方法和工具，以确保研究的准确性和有效性

第五节　课题立项申请书填写指导

填写课题立项申请书不仅是为了接受上级部门的审查，评估课题的规范性和研究价值，更重要的是指导课题研究者明确研究思路与路径。课题立项申请书不仅是对课题的要求，也是研究行动的指南。研究者应避免将其形式化，而是要根据课题立项申请书的要求，认真填写相关内容。课题立项申请书应符合规范，逻辑严密，内容真实可信。课题立项申请书是对课题的初步表述，也是建立信任的第一步。

一、任务的布置

课题主持人可以通过现场会议或网络会议的形式，商议课题立项申请书的初步框架。通过群消息或邮件方式发布任务，汇总团队成员的思路，形成初稿。然后召开立项申请研讨会，集思广益，最终定稿并填写立项申请书。

建议由专人负责填写立项申请书，并经过课题主持人所在单位的领导审核。领导需签署明确的意见，承担信誉保证、提供条件支持，并履行管理职责，最后加盖公章方可上报。

二、表格的填写

（一）姓名与单位

填表姓名与身份证一致，单位名称与盖章单位保持一致。

（二）学历与学位

学历包括本科、研究生等，学位为学士、硕士、博士，二者需区分清楚。

（三）联系信息

电子邮箱填写课题主持人信息即可，联系电话需填写课题负责人的电话号码，保证信息准确，便于联系。

（四）参与人员

参与人员的数量应符合要求。填写顺序需区分核心成员和一般成员，顺序可根据贡献大小在研究过程中或结题时进行调整。

（五）职务与职称

职务是指岗位，如校长、主任、教师等，职称则为专业职级，如高级教师、一级教师、二级教师等，二者不能混淆。

（六）研究专长

可根据课题需求选择相关研究专长，如组织管理、案例研究、多媒体操作、撰写论文、资料搜集、调查分析、网站制作、排版制作、绘图、表格设计、数据分析、科研、教学、活动策划等。

（七）课题成果

课题成果包括优秀案例、学术论文、专著、期刊发表成果、网站建立等实际成果，确保与课题目标一致。

（八）课题级别

应准确填写课题的级别，如国家级课题、省级课题、市级课题等。

（九）其他课题完成情况

如果课题已结题，则应注明。为保障研究质量，建议研究者同时参与的课题数量不宜过多，以免分散精力，影响课题研究的深入和有效性。

通过填写课题立项申请书，研究者不仅能够为课题研究奠定良好的基础，还能增强评审专家对课题的信任，从而为课题的立项和顺利开展提供保障。

第六节 课题设计与论证

课题设计与论证是课题研究的核心内容。一个精心设计的课题，能够清晰地界定课题研究范围、目的与意义，而严谨的论证过程则能确保研究思路的合理性、方法的科学性，为后续研究工作奠定坚实的基础，引领研究者稳步前行，探索未知领域。

课题设计与论证的具体内容包括以下方面。

一、课题的界定

课题的界定简单地说就是对课题题目的解释，对课题研究关键词的准确描述，对课题研究主题进行定义。建议选出三到四个主要概念进行描述。课题的界定是一个综合性的过程，需要综合考虑研究主题、范围、目标和方法等多个方面，以确保研究的准确性和有效性。

在界定课题时，课题的名称应准确、规范、简洁明了，课题名称要能够清晰地反映出研究的对象和问题，所使用的词语、句型要规范、科学，避免使用似是而非的词或口号式、结论式的句型。课题的界定还包括对研究范围的明确，如"高中生"就不能泛称为"学生"。课题的界定还需要考虑研究方法的选择。不同的研究方法会对课题的界定产生影响，因此研究者需要根据研究问题和目标选择合适的方法。

在课题的界定过程中，需要注意以下几个方面，以确保课题的准确性和研究的有效性。

第一，准确性与具体性。课题的界定必须清晰、具体，避免过于笼统或模糊。课题名称和研究内容应直接反映研究的核心问题和主要方向，使读者能够迅速理解研究的主题和范围。

第二，合理性与科学性。课题的界定应基于现有的理论、研究和实践，确保研究的合理性与科学性。避免选择过于超前或脱离实际的课题，同时也要避免重复已有的研究。

第三，可操作性与可实现性。课题的界定应考虑实际操作的可行性和研究的可实现性。确保研究所需的资源、时间和技术等条件具备，以便研究能够顺利进行并取得预期成果。

第四，创新性与价值性。课题的界定应具有创新性，能够填补现有研究的空白或推动相关领域的进步。同时，课题的研究结果应具有实际应用价值或理论贡献，能够为学术界或社会带来积极的影响。

第五，边界与范围的明确。课题的界定应明确其研究边界与范围，避免与其他课题混淆或重叠。明确界定研究对象、研究方法、数据来源等关键要素，以确保研究的准确性和一致性。

第六，与已有研究的关联和区别。在界定课题时，应充分考虑已有研究的成果，明确本课题与已有研究的关联和区别。这有助于确定研究的独特性和创新性，同时为后续研究提供借鉴和参考。

【例 3-17】

关于学校新入职教师教学水平提升策略的研究

一、引言

为满足学校教育教学质量的要求和对新职工的关怀，新入职教师教学水平的提升受到学校的重视和关注。因此，本课题旨在研究如何提升新入职教师的教学水平，为相关政策的制定和实践提供理论依据。

二、课题界定

（一）研究对象

本课题的研究对象为新入职教师，新入职教师主要指参加工作不满（包括）五年的教师。关注他们在工作、学习等方面的需求与问题。

（二）研究范围

本课题将聚焦于新入职教师教学水平提升策略，包括但不限于工作环境的改善、教学能力的培训、同组教师的帮助、竞赛考察的监督等方面。

（三）研究目标

本课题的研究目标是通过深入调查和分析，找出影响新入职教师教学水平的关键因素，提出具有针对性的提升策略，并评估其可行性和有效性。

（四）研究方法

本课题将采用问卷调查、深度访谈、实地观察等多种方法，以收集新入职教师关于工作学习的需求、问题和建议，同时结合文献研究和政策分析，形成全面的研究视角。

三、关键词界定

新入职教师：参加工作不满（包括）五年的教师。

教学水平：教师备学生、备教材、备课堂的能力。

提升策略：针对影响新入职教师教学水平的因素，提出的具有可操作性的解决方案或措施。

四、总结

通过对本课题的界定，我们明确了研究对象、研究范围、研究目标和研究方法，以及关键词的含义。这将有助于我们在后续的研究中保持清晰的研究方向，确保研究的准确性和有效性。同时，本课题的研究结果将有望为提升新入职教师的教学水平提供有益的参考和借鉴。

二、研究背景

课题研究背景是研究工作的起点，其核心在于梳理课题的由来与相关研究现状，为后续研究提供坚实的理论和实践支撑。在撰写研究背景时，需要注重逻辑性和科学性，做到条理清晰、层次分明。

首先，要讲述研究课题的现实背景。这部分需要结合教育领域的具体问题或现象，分析其背后深层次的原因。例如，可以结合教育实践中的常见问题、新政策的提出或社会需求的变化，阐明课题的实际来源与研究背景。可以引用数据、案例或政策文件，能够增强研究背景的说服力。

其次，需要进行理论背景的梳理。通过查阅文献，分析国内外相关领域的研究进展，清晰地展示研究课题的理论背景。需重点突出已有研究的深度与广度，同时找出当前研究中尚未解决的关键问题或争议，以说明研究的必要性。

最后，在讲述研究背景时，语言需简洁凝练，避免冗长的铺陈，同时注意引用权威性资料并注明出处。

三、理论基础

理论基础是根据文献，为研究者提供一个符合研究逻辑的理论框架，它可以指导研究，也可在研究中不断地完善，是课题研究不可或缺的一部分。它能够为研究者提供明确的方向和指导，确保研究的科学性和有效性，为课题研究在理论方面提供支撑和依据，是课题研究得以开展和深入的必要条件。

课题理论基础通常来自该领域已经存在的理论、学说、模型等，以及前期相关研究成果和核心观点。

在撰写课题理论基础时，研究者需要对所研究领域的基本理论和知识有深入的了解。这包括对该领域的基本概念、范畴、原理等的理解，以及这些理论在实践中的应用情况。同时，研究者还需要关注该领域的最新研究成果和趋势，以确保课题研究的前沿性和创新性。研究者在报告中填写本次研究需要用到的理论时，应填写已被广泛验证且成熟的理论。

课题理论基础的作用在于为课题研究提供坚实的理论支撑和依据，使研究更加合理。通过构建稳固的理论基础，研究者可以明确研究问题、目标和范围，选择合适的研究方法，并深入探究研究对象的本质和规律。需要注意的是，课题理论基础并非随意堆砌的理论知识，也不是简单的文献引用，而是需要与研究问题和目标紧密相关，将文献进行整理分析之后得到的新的思考，能够支撑和推动课题研究的深入进行。因此，在构建课题理论基础时，研究者需要认真思考和仔细筛选，确保所选理论与研究内容的契合性和适用性。

例如，一个对儿童早教活动进行研究的课题，其理论基础可以是：儿童脑发育及思维的形成会因活动行为的介入而被开发。建立在此理论基础上，从而引发课题的研究，去实践各种行为对儿童智力开发的影响。

【例3-18】

四维教学目标理论的应用

理论基础	四维教学目标，是指学生的认知目标、技能目标、情感目标和价值观目标。通过四维目标的设定，可以使教学更加全面、有针对性，促进学生综合素质的全面发展
案例描述	某位新教师在入职时班级教学成绩不理想的情况下，决定每节课都思考四维教学目标来调整自己的教学策略。首先，确定认知目标，每天备教材，围绕课程内容，确定学生需要掌握的基本知识、技能和理解程度。其次，确定技能目标，根据教学内容确定学生要掌握的实际操作能力，培养学生解决问题、运用知识的能力。再次，设置情感目标，关注学生的情感需求和情绪体验。最后，关注培养学生的价值观目标，在教学时对学生进行人文关怀，通过教学内容培养学生积极向上的世界观、人生观和价值观
案例分析	通过运用四维教学目标理论，该教师在后期的教学过程中取得了显著的进步，课堂教学状态、学生学习状态和成绩都得到了极大的提高。认知目标帮助教师认真备教材，技能目标帮助教师认真备学生，情感目标让学生的情绪得到了调动，价值观目标使学生树立了正确的价值观，促进了学生在课堂上的表现。这些措施共同促进了师生课堂状态的提升，也验证了四维教学目标理论的有效性
总结	本案例展示了四维教学目标理论在教学设计中的实际应用。通过综合运用认知、技能、情感、价值观等四个关键因素，教师可以制定出更加科学、合理的课堂教学策略，提高教学能力

四、研究假设

研究假设是对选题提出的问题做假想性的回答，说明本研究用了什么框架，为什么适用，有哪些实证佐证。说明过程要严丝合缝，有理有据。换言之，根据经验、事实和已有资料，对研究课题设想出一种或几种可能的答案、结论，这就是假设。

例如《充分开发幼儿智慧研究》课题，其研究假设是儿童具有很大潜能，特别是有很多儿童因为智力发展得比较好，只要教学过程组织合理，就能提早打开儿童的智慧之门，使其获得良好的发展。

研究假设要大胆提出，小心求证，不断调整，且符合逻辑，注重伦理，不做伤害性实验假设。

【例3-19】

提升小学生数学问题解决能力的策略研究

一、研究假设提出

本研究基于当前小学生数学问题解决能力的现状，提出以下研究假设。

通过实施针对性教学策略，能够有效提升小学生的数学问题解决能力（可以找一个广泛成熟的理论基础来验证）。

结合小学生的认知特点和个体差异，设计多样化的教学方法和资源，有助于提高小学生的学习兴趣和参与度。

构建科学的评价体系，能够准确评估小学生的数学问题解决能力，为教学策略的调整和优化提供依据。

二、假设依据与解释

针对性教学策略的假设是基于教育心理学和认知科学的相关理论。这些理论认为，通过针对小学生的具体需求和问题，设计相应的教学策略，能够更好地促进学生的学习和发展。在数学问题解决方面，教师通过引导小学生掌握基本的解题策略和方法，培养他们的逻辑思维和创新能力，有助于提升小学生的问题解决能力。

教学方法和资源多样化的假设是基于个体差异和学习风格的理论。每个学生都有自己的学习特点和兴趣点，因此，通过提供多样化的教学方法和资源，教师可以满足不同学生的需求，激发他们的学习动力。在数学教学中，教师也可以通过游戏化教学、情境模拟、合作学习等方式，让小学生在轻松愉快的氛围中学习数学，提高问题解决能力。

　　评价体系科学性的假设是基于教育评估和测量学的原理。一个科学的评价体系能够全面、准确地反映小学生的能力水平，为教学提供有价值的反馈。通过构建包含多个维度和指标的评价体系，教师可以更全面地评估小学生的数学问题解决能力，为教学策略的调整和优化提供有针对性的建议。

三、假设验证与研究方法

　　为了验证上述研究假设，本研究将采用以下方法。

　　设计并实施针对性教学策略，包括教学方法的选择、教学资源的开发及教学过程的组织等。

　　通过对比实验、问卷调查、个案分析等方法，收集小学生在实施教学策略前后的数据，包括学习成绩、解题能力、学习态度等方面的变化。

　　利用统计分析软件对数据进行分析，比较实施教学策略前后小学生的差异，验证教学策略的有效性。

　　构建评价体系，对小学生的数学问题解决能力进行定性和定量评估，分析评价结果与教学策略实施之间的关系。

　　通过以上方法的实施，我们期望能够验证研究假设的正确性，并为提升小学生数学问题解决能力提供有效的策略和方法。

五、国内外（省内外）研究状况述评

　　在课题研究中，不同级别的课题对国内外（省内外）研究状况的梳理与要求有所不同。国家级课题和省级课题通常需要对国内外研究状况进行全面梳理，而市级课题则侧重于对省内外研究状况的分析。通过合理运用"梳理＋评论＋结合"的研究方法，可以有效提升课题研究的科学性与逻辑性。

（一）梳理：对课题相关的主要研究成果或观点进行梳理

在开展课题研究的过程中，系统梳理已有的研究成果和学术观点是至关重要的一步。这不仅有助于明确研究的前沿和趋势，还能帮助研究者找到新的突破口。常用的方法是通过引用具有代表性的研究模型进行概述，即采用"作者＋文章（或专著）＋主要观点（或成果）"的形式加以说明。

具体表述示例：××老师在论文《数学分层作业的研究例谈》中提出，教师可以通过对数学作业的数量和难度进行调整，赋予学生自主选择的权利，从而促进学生的个性化发展及整体进步。××老师在《强化数学作业设计，提高学习兴趣与能力》一文中指出，基于难度分层的作业设计，能够让学生自主选择任务，这不仅激发了学生的主动性和积极性，也帮助他们建立起学习信心。

（二）评论研究成果：优点、缺点与空白点

对现有研究的评估是学术研究中不可或缺的一部分，能够帮助研究者明确其研究的贡献与不足。研究者通过对研究成果的优点、缺点与空白点的分析，可以为后续的研究提供重要的借鉴和改进思路。

具体表述示例：上述研究成果具有较高的借鉴价值，尤其在提升学生自主学习和增强数学教学效果方面具有显著作用。然而，这些研究在实施过程中仍存在一些局限性：（1）缺乏与具体学科相结合的深入研究，未能充分探讨数学教学中的个性化策略；（2）关于如何具体落实这些教学策略的对策研究相对匮乏，无法为实际教学提供更加明确、可操作的指导方案。

（三）结合实际情况：阐释研究问题并分析现状

在明确现有研究成果的基础上，研究者结合研究对象的实际情况，阐述研究的意义和研究问题的具体背景，可以帮助研究者在理论与实践的结合点上找到切入点。

具体表述示例：本校于××××年建校，作为一所新建学校，面向社会招生的过程中，学生生源存在一定的差异性。在数学教学过程中，数学知识本身具有一定的抽象性和枯燥性，部分学生表现出对数学的恐惧甚至厌学情绪。针对这一现象，游戏化教学法是一种有效的解决途径。根据义务教育阶

段的《数学课程标准》要求，学生在该阶段需要初步培养"乐于思考、实事求是、勇于质疑"的良好品质。教师通过将游戏元素引入数学教学，能够提升数学教学活动的创造性，并能提高学生的学习兴趣和参与度，最终显著提升教学效果。因此，本课题旨在通过对初中数学教学现状的深入调查和分析，结合数学学科的特点，探索游戏化教学在初中数学课堂中的应用，进一步提出符合实践的教学策略，帮助教师提高数学教学的有效性。

【例 3-20】

省外研究状况评述

2024年4月22日，全民科学素质纲要实施工作办公室印发《2024年全民科学素质行动工作要点》，对推动落实全民科学素质建设目标和任务作出部署。2022年3月，湖南省科学技术协会立项开展湖南省青少年科学素养调查研究，由湖南省社会科学院、湖南省教育科学研究院、湖南省青少年科技教育协会组成课题调研组，对全省14个市州42个区县的54025名中小学生开展科学素养调查。全省青少年分学科的科学知识理解能力较好，生活科学知识和跨学科知识理解能力不足；基础科学思维能力较好，但高阶创新思维力培育不足；科学试验方法与技术工程实践表现较好，但独立设计实验能力存在短板；科学精神和科学责任感有一定提升，但对科学家及成果不甚了解。

2024年1月5日，北京府学胡同小学总校和顺义分校科学团队联合开展了"科学＋引领课程与教学"研讨活动。"科学＋引领课程与教学"，赋能学生科学素养提升。

【例 3-21】

省内研究状况评述

为深入实施《辽宁省全民科学素质行动规划纲要（2021—2035年）》，辽宁省将进一步做强群众性示范科普活动，加快推进高质量科普服务体系建设，大力提升基层科普服务水平。2023年，辽宁师范大学王少奇教授进行了大学生科学素养现状及提升策略研究，对省内大学生的科学态度和科学认知水平、科学实践能力进行了问卷调查，学生对科学知识的产生过程及科学本质缺乏深入理解，对科学方法的意义和运用缺乏真正的掌握，学生的科学兴趣和科学学习效率总体较低、问题解决能力和创新能力不足等问题凸显。

2023年6月24日，辽宁省鞍山市铁东科技局、共青团铁东区委联合承办2022—2023学年全国青少年智能创新大赛"筑梦天宫"辽宁省选拔赛吸引众多中小学生参赛，积极开展面向青少年的各类科学研究活动，引导他们从小爱上科学，成长为德智体美劳全面发展的社会主义建设者和接班人。然而，目前基础教育阶段的科学素养提升工作在实施过程中仍面临着诸多现实挑战。高中科学素养培育课程方案落地规划、教学方式变革、科学素养提升、教学评价牵引、专业支撑与数字赋能等方面的研究和探索显得尤为重要。

六、选题意义

填写选题意义时，要突出研究的创新点和特色，并与实际问题紧密联系，强调其对学术界和实践应用的重要贡献。一般可以从填补研究空白、推动学术进展、解决实践问题及相关案例等方面来讲。

具体表述示例：本研究具有重要实践和学术意义，填补了对××问题的空白，为相关领域的理论建设提供了新思路。同时，本研究为实践应用提供了指导，推动了教学发展。另外，本研究开拓了新的研究思路，为未来的研究者提供了启示，促进了研究的发展和创新。创新之处将单独进行说明。

【例3-22】

一、理论意义

21世纪以来，人工智能等一系列新科技技术兴起，信息技术带来新机遇的同时也带来了新的挑战。现阶段学生解决问题的能力和创新能力不足，"面向全体公民的科学"已成趋势。培养什么样的人，怎么培养人，科学家精神在高中课堂落地的探索显得尤为重要。

二、实践意义

人工智能环境下知识共享的网络学习生态，可以让学生更直观体验和感受科学的魅力，激发学生的好奇心和自驱力，提高学生解决问题的能力。本课题结合本校实际情况，通过实践活动和调查分析，进行对比研究，得到准确数据和学科角度的研究资料，提供新时代高中生科学素养培养策略，这是新时代对高中教师提出的新要求。本课题为推动新时代教育教学的发展提供了真实案例。

三、研究价值

第一，可以借助数字赋能，拉近科学教育与课堂的距离，探索培养学生科学素养的策略。

第二，能够拓宽学生科学视野，发掘科普教育资源。

第三，鼓励学生了解科学家工作，树立科学价值观，将所学应用到真实情境中。

七、研究重点和研究创新之处

研究重点是指在研究过程中需要深入探讨和解决的核心问题或关键领域，体现课题研究的核心目标、创新方向和实践指向。

研究创新之处也就是不同之处，即新观点、新角度，可以有一个或者多个，可以是理论、方法或者技术，来补充已有研究的不足。

一个研究想要有价值，就必须有创新点，可以从以下几点切入。

理论创新，即在理论方面提出自己的新见解，拓宽学术视野。

研究角度创新，即采用前人没用过的新角度来研究，得出研究成果也可以是从微观对象扩展到宏观对象，或从宏观对象聚焦到微观对象。

研究方法创新，即通过采用一种新的形式来开展研究，包含建立模型等。

【例3-23】

一、研究重点

本课题重点研究培养高中生科学素养的各种方法，对比各种教育活动的适用性和有效性，筛选出最适宜本校教学的方案，得出行之有效的本校高中生科学素养培养策略。

二、创新之处

第一，充分利用最新的信息技术手段，将科学家请进课堂，打破教育壁垒，开拓高中生视野。

第二，项目式教学，跳出单学科知识，掌握学科知识的交叉应用。这种方式既适应了高考命题"文中有数，数中有文"的新改变，又提高了高中生解决项目式问题的能力，孕育了高中生科学思维的萌芽。

第三，通过研究第一手实践资料，观察高中生科学素养的萌发过程，通过对比总结不同教学手段及活动引导带来的实践效果，得出切实有效的培养策略方案。

【例3-24】

提升小学生数学问题解决能力的策略研究

一、引言

本研究的核心内容是探索如何有效提升小学生的数学问题解决能力。针对当前小学生在数学问题解决方面存在的问题，我们设计并实施一系列教学策略，以期达到提升小学生数学问题解决能力的目标。

二、小学生数学问题解决能力的现状分析

对小学生数学问题解决能力的现有水平进行评估，包括学生的基本数学技能、思维方式、解题策略等方面。

分析影响小学生数学问题解决能力的主要因素，如教学环境、教学方法、学生个体差异等。

三、针对性教学策略的设计与实施

设计针对不同数学问题解决能力水平的小学生的教学策略，包括启发式教学、探究式学习、合作学习等多种教学方法的运用。

开发符合小学生认知特点的数学问题解决教学资源，如教学案例、练习题、教学软件等。

在实际教学中实施这些教学策略，观察并记录小学生的学习过程与能力变化。

四、教学策略的有效性评估与反馈

通过对比实验、问卷调查、个案分析等方法，评估教学策略对小学生数学问题解决能力的提升效果。

收集教师、学生和家长的反馈意见，了解教学策略在实际应用中的优缺点，以便进行改进和优化。

五、教学模式的总结与推广

总结研究成果，提炼出具有可操作性和可推广性的教学模式。

与其他学校和教师分享研究成果，推动教学模式的广泛应用。

六、研究难点与创新点

研究难点：如何准确评估小学生的数学问题解决能力，以及如何设计并实施有效的教学策略。

研究创新点：本研究将综合运用多种研究方法，从多个角度探讨提升小学生数学问题解决能力的策略，并尝试构建一套科学、系统的评价体系和教学模式。

通过以上研究内容的深入探究，我们期望能够为提升小学生数学问题解决能力提供有效的策略和方法，使小学生的数学学习能力得到全面发展。

八、研究目标

研究目标可以是"学术目标＋工作目标＋育人目标"。

我们可以理解为"理论＋实际"，注意研究目标最好呼应研究背景中发现的问题，对应后期的研究内容。注意研究目标一定要与研究内容相对应。课题研究目标的撰写应该清晰、具体，并紧密围绕研究主题和内容展开。

在撰写课题研究目标时，需要注意以下几点。

第一，明确性。目标应具体明确，避免过于笼统或模糊。

第二，可行性。目标应具有可实现性，要考虑到研究条件、资源限制和时间因素。

第三，相关性。目标应与研究主题和内容紧密相关，体现研究的针对性和价值性。

第四，可衡量性。目标应具有可衡量性，便于后续对研究成果进行评估和总结。

明确、具体的研究目标可以指导整个研究过程，确保研究工作的有序进行和顺利完成。

【例3-25】

目标一：通过本课题研究形成有效的高中生计算能力培养策略，使学生学会计算，形成数感，计算准确。

目标二：积极地开展计算训练，逐步分解专题训练，建设教学体系，提高数学教师的指导能力。

【例3-26】

课题研究目标如下。

第一，立足本校实际情况，借助人工智能等信息技术将科普活动融入课堂，培养学生的科学素养。

第二，加强探究实践，通过解决跨学科项目式问题激发学生的好奇心和探究能力。

第三，引导学生将"追星"转变为"追品质"，学生通过了解各科教材中的科学家，学习科学家精神，树立崇高理想，思考自己的人生观、价值观。

九、研究内容

在课题研究中，研究内容的设计和表达至关重要，它直接影响研究的逻辑性、有效性和可操作性。

（一）研究内容必须与研究目标相对应

研究内容的制定应紧密围绕研究目标展开，确保每个研究步骤都直接服务于研究目标的实现。这种对应关系确保了研究工作的连贯性与目的性，避免了研究偏离核心方向。每一项研究内容都应对应研究目标中的关键问题，确保研究过程具有明确的方向性和科学性。

（二）研究内容的表述应使用陈述句

在撰写研究内容时，建议采用陈述句形式进行表达。陈述句的使用能够清晰地传达研究者的意图，使研究过程中的任务和目标明确可见。这种表述方式不仅简洁明了，还增强了内容的客观性与严谨性，符合学术写作的规范要求。

（三）研究内容应具体、清晰且有条理

研究内容必须具体，避免笼统和模糊的描述。研究者应详细说明将要运用的研究方法、实施步骤和应对措施，确保研究内容具有可操作性。同时，研究内容的语言应通俗易懂，避免复杂、冗长的表达，使课题研究更加直观和明确。此外，研究内容的结构要条理清晰，遵循逻辑顺序，确保各部分内容环环相扣、彼此支撑。这种条理性有助于研究者在实施过程中高效推进课题研究，同时也便于他人理解和评价研究的思路与设计。

简言之，研究者在设计课题研究时，应确保研究内容与研究目标相匹配，表述采用陈述句，并做到研究内容具体、清晰、有条理。

【例 3-27】

高中学生数学问题解决能力的途径研究

研究内容：

第一，高中学生数学问题解决能力的现状调查研究。

第二，高中学生数学审题能力的提高研究。

第三，高中学生数学问题解决能力的习惯培养研究。

第四，高中学生数学问题解决能力的培养研究。

【例 3-28】

一、研究背景

最近，我发现我们班部分学生计算能力较差，数学作业经常不能独自完成，写作业总是磨磨蹭蹭，到第二天就参考其他同学的答案。一部分学生想要独自完成作业，但是总是写到很晚也不能按时完成当天的作业。还有一部分学生反映作业比较多，即使勉强完成但不能进行有效的吸收，每天写到很晚影响第二天的听课状态。

二、问题提炼

第一，学生完成作业的主动性不强。

第二，作业没有按照学生能力进行分层布置。

第三，各科作业积累到一起比较多，学生无法消化。

三、研究内容

第一，高中生作业良好习惯的培养策略研究。

第二，高中生分层作业的研究。

第三，高中生作业适量性的研究。

四、研究目标

第一，培养高中生养成良好的作业习惯。

第二，提高高中生作业的有效性。

第三，响应"双减"目标，落实高中生减负政策。

十、研究方法

在课题研究中，研究方法的选择至关重要，直接影响研究的科学性和研究目标的实现程度。为了确保研究的顺利开展，研究者在设计研究方法时应注意以下几点。

（一）选择适合课题的研究方法

研究方法的选定必须依据课题的性质、研究目标和研究问题来决定。适合的研究方法能够帮助研究者有效获取所需的数据和信息，进而为问题的分析与解决提供科学依据。不同课题需要不同的研究方法，比如理论性的课题适合文献分析法，而实践导向的课题则需要采用实验法或行动研究法。因此，研究者应根据课题的具体内容选择适合的方法，确保方法与课题内容高度匹配。

（二）研究方法应具有可行性和具体性

研究方法不仅要与课题相适应，还要具备实际的可操作性。研究者应充分考虑研究方法在实施过程中的可行性，包括时间、资源、样本的获取等具体条件。具体性意味着研究方法的操作步骤必须明确、详细，避免空泛的描述。例如，定量研究中应明确统计工具和分析方法，定性研究中应具体说明如何进行数据的收集和分析。只有具备清晰的操作流程，我们才能确保研究过程有条不紊，确保结果具有可靠性。

（三）避免使用不当的混合方法

在课题研究中，避免使用不当的混合方法非常重要。定性研究与定量研究方法的结合，或案例研究与理论分析的混合，尽管在某些复杂的研究中可能具有一定的合理性，但通常并不适合大多数课题研究，特别是初级或中等层次的课题研究。这是因为不同的研究方法有其各自的适用范围、操作逻辑和数据分析方式，不当的结合可能导致研究过程复杂化，甚至产生难以控制的变量和不一致的结论。研究者应当根据课题的特点选择一种主要方法，确保课题研究的简洁性和逻辑的一致性。

【例3-29】

研究方法：

第一，调查研究法。以问卷、谈话、家访等多种形式向学困生、周围学生、学生家长或任课教师调查学困生的主要问题及影响因素。

第二，行动研究法。在教育教学过程中不断实践，不断完善转变学困生的策略，以形成一套转变学困生的理论框架。

第三，个案研究法。通过对部分学困生的跟踪分析，摸清他们学习困难的原因，制定转化策略，根据转化效果进行反思，总结经验。

【例3-30】

研究方法：

第一，文献研究法。通过搜索引擎及人工智能手段收集相关论文、期刊、研究资料，进行分析借鉴。

第二，调查研究法。以调查问卷、谈话等形式调查学生的科学素养状况及课题实施前后效果。对得到的数据进行分析，指导课题实施，得到研究结论。

第三，个案研究法。通过对部分学生的跟踪分析，摸清他们的学习状态，制定转化策略，根据转化效果进行反思，总结经验。

十一、研究思路

研究思路是课题研究的整体蓝图，简要概述为研究者在课题开展过程中所采取的策略和路径。它包括对课题研究的核心问题的明确、研究过程中已采取或将要采取的具体措施，以及研究预期达到的目标。研究思路的撰写应当清晰明了、逻辑严谨，同时能够展现课题的整体框架和研究步骤。

（一）明确研究的核心问题

研究思路的第一步是清楚地指出课题研究所要解决的核心问题。这一部分是课题研究的出发点，研究者应简明扼要地阐明课题要探讨的具体问题。这不仅有助于聚焦研究方向，也能为后续研究提供指导。研究思路应明确研究的主旨，例如"提升课堂互动的有效性"或"探索游戏化教学对数学学习兴趣的影响"都是可行的。

（二）描述已有或预期采取的研究措施

研究思路还包括解决研究问题所采取的具体措施或步骤。研究者需要简单说明在研究过程中使用何种方法或策略，如实验、调查、文献分析或课堂干预等。这一部分要体现出研究的可操作性，确保每一项措施都有明确的执行路径。例如，如何设计和实施特定教学活动，如何收集数据或分析课堂效果。

（三）确定预期实现的研究目标

研究思路的最后一部分是简要概述研究的预期成果。研究者需要明确表达通过研究措施希望达成的目标。这些目标可以是理论上的贡献，如提出新的教育方法或策略；也可以是实践上的应用，如提高学生的学业成绩或教学质量。目标的表述应具体可衡量，以便在研究结束时能够对成果进行评价。

（四）强调逻辑性与整体框架

研究思路的撰写不仅要做到简洁明了，还必须逻辑性强，确保研究各个步骤之间存在内在联系。研究者应按逻辑顺序呈现从问题提出、方法选择到目标设定的思考过程，展示研究过程的内在连贯性。同时，研究思路应体现出课题的整体框架，为课题的后续工作提供一个清晰的路线图。通过展示研究的整体逻辑框架，研究思路能够帮助研究者在课题实施过程中保持清晰的方向感，并确保研究的稳步推进。

【例3-31】

课题研究思路一

本课题旨在研究培养高中生科学素养的有效策略。

整理国内外科学素养研究现状，为本研究提供理论支持和参考，深入分析本校学生科学素养现状，结合相关理论明确研究方向和目标，构建科学系统的研究框架。实践各项活动并调查分析相关数据，发现问题，及时进行课题研究的调整，为后续教学策略设计提供依据。在教学中实施这些策略，密切关注学生的学习过程和变化，并验证其在实际教学中的有效性。总结研究成果并进行推广分享。

【例3-32】

课题研究思路二

一、引言

本研究旨在探索提升小学生数学问题解决能力的有效策略。通过深入分析当前小学生数学问题解决能力的现状，结合相关理论和实践经验，构建一套科学、系统的教学策略，并验证其在实际教学中的有效性。

二、文献综述与理论构建

对国内外关于小学生数学问题解决能力的研究进行系统梳理，总结现有研究的成果和不足，为本研究提供理论支撑和参考。在此基础上，结合教育心理学、认知科学等相关理论，构建本研究的理论框架，明确研究方向和目标。

三、现状分析与问题识别

通过问卷调查、观察等方法，收集小学生数学问题解决能力的相关数据，进行深入分析。识别当前小学生在数学问题解决方面存在的主要问题，如解题策略缺乏、思维僵化等，为后续教学策略的设计提供依据。

四、教学策略设计与实施

针对现状分析中识别出的问题，结合理论框架，设计针对性的教学策略。

这些策略应包括教学方法的选择、教学资源的开发、教学过程的组织等方面。在实际教学中实施这些策略，并密切关注小学生的学习过程和变化。

五、效果评估与反馈

通过对比实验、个案分析等方法，对实施教学策略前后的小学生数学问题解决能力进行评估。收集教师、学生和家长的反馈意见，了解教学策略在实际应用中的效果和问题。根据评估结果和反馈意见，对教学策略进行调整和优化。

六、总结与展望

总结研究成果，提炼出提升小学生数学问题解决能力的有效策略，并形成可推广的教学模式。同时，指出研究中存在的不足和局限性，为后续研究提供方向。展望未来，探讨如何进一步优化教学策略，提高其在不同教学环境和学生群体中的适用性。

在撰写课题研究思路时，需要注意以下几点。

第一，逻辑清晰。确保思路连贯，各部分之间衔接自然，避免出现逻辑断裂或重复。

第二，理论与实践相结合。既要注重理论构建和文献综述，又要关注实际教学问题和解决方案。

第三，针对性强。针对研究主题和目标，明确研究的具体问题和策略设计方向。

第四，可操作性强。教学策略应具有可操作性，能够在实际教学中得到有效实施。

通过撰写研究思路，研究者可以清晰地展现研究的整体框架和步骤，为后续的研究工作提供明确的指导。

十二、研究的技术路线

技术路线是指要达到研究目标准备采取的研究途径，可以采用流程图或示意图说明，再结合必要的解释说明。

【例3-33】

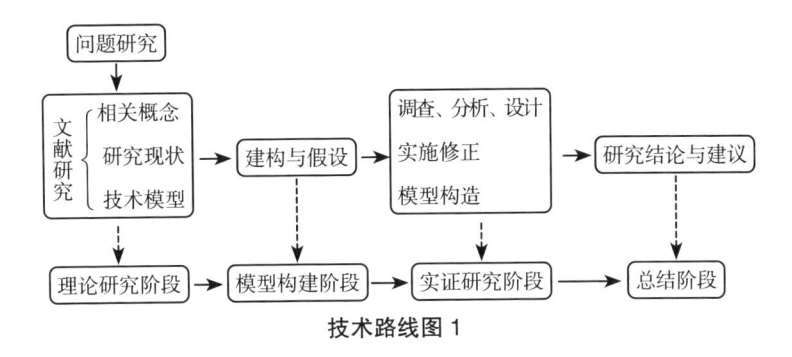

技术路线图1

【例3-34】

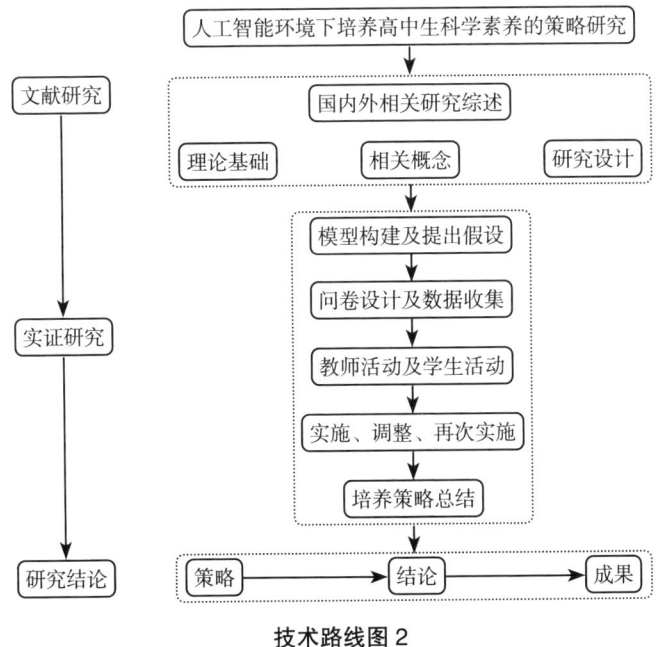

技术路线图2

十三、实施步骤

实施步骤分为准备阶段、实施阶段和总结阶段，研究者要写清每个阶段的研究任务。

【例 3-35】

实施步骤示例一

一、准备阶段（××××年×月—××××年×月）

　　第一步：组建课题组。

　　第二步：课题申报立项。

　　第三步：制定实施方案。

　　第四步：开展文献研究。

二、实施阶段（××××年×月—××××年×月）

　　第一步：进行现状的调查与分析，制定课题研究计划，完成开题报告。

　　第二步：课题组成员对课题进行实践、研讨、反思，收集过程性材料。组织各种活动实施及问卷调查。

　　第三步：完成中期报告、撰写论文、进行反思、分析课堂教学案例等。

三、总结阶段（××××年×月—××××年×月）

　　整理分析课题过程性材料，形成案例集、论文集等成果，撰写课题研究报告。

【例 3-36】

实施步骤示例二

一、准备阶段（××××年×月—××××年×月）

　　第一步：成立课题研究组，制定课题实施计划并查阅相关文献，完成课题申报工作。

　　第二步：举办开题会议，完成开题报告。

二、实施阶段（××××年×月—××××年×月）

　　第一步：按照课题实施计划进行课题研讨、教师培训，组织学生活动，开展案例研究。

　　第二步：进行问卷调查，完成调查分析，并反思指导下一步活动及调整。

第三步：撰写课题研究反思及心得，撰写论文。收集过程性材料，完成中期报告。

三、总结阶段（××××年×月—××××年×月）

第一步：整理课题研究资料，总结典型案例，形成校本教材等研究成果，完成课题研究报告。

第二步：等待上级评审部门审核，进行成果分享和推广。

十四、课题的可行性分析

完成课题的可行性分析是确保研究能够顺利进行并取得预期成果的重要步骤。

（一）课题可行性分析的一般步骤

第一步：明确研究目标。要清晰地定义课题的研究目标，这有助于后续的分析和规划。研究目标应具体、明确，能够指导整个研究过程。

第二步：需求分析。对课题的需求进行深入分析，通过调研、问卷调查等方式收集数据，了解竞争态势及潜在机会。这有助于评估课题的前景和潜在价值。

第三步：技术可行性研究。针对课题涉及的技术领域，进行技术可行性分析。评估所需技术是否成熟、现有解决方案是否适用，以及团队是否具备实施所需技术的能力和资源。

第四步：资源和时间分析。评估课题实施所需的资源和时间投入，包括人员、资金、设备等。确保研究团队具备足够的资源和时间来完成课题的研究工作。

第五步：法律和政策可行性分析。分析课题在法律和政策方面的可行性，确保研究内容符合相关法律法规和政策要求。这有助于避免潜在的法律风险和政策障碍。

第六步：效果评估。分析课题实施的效果，制定相应的应对策略和措施，以提升课题研究效果。

通过以上步骤的综合分析和评估，研究者可以对课题的可行性进行全面、客观的判断。如果分析结果显示课题具有较高的可行性，那么可以进一步细化研究计划并着手实施。如果可行性较低，则需要重新考虑研究目标、方法或寻找其他更合适的课题。

（二）动态调整与灵活应对

随着研究的深入和实际情况的变化，研究者可能需要对原有的分析结果进行调整或重新评估。因此，保持灵活性和适应性是完成课题可行性分析的关键。课题的可行性分析主要是用来评估课题申请团队在现有背景能力下是否有可能完成课题实施，其中包含对研究者能力水平、研究经验、实施单位硬件环境、单位支持程度、研究团队的构成进行探讨。分析内容包括：已取得相关研究成果的社会评价（如引用、转载、获奖及被采纳情况），主要参考文献；课题主持人及主要参加者的学术背景和研究经验、组成结构（如职务、专业、年龄等）；完成课题的保障条件（如研究资料、研究时间、研究经费、研究技术设备、所在单位提供的条件等）。

【例 3-37】

课题的可行性分析一

一、已取得相关研究成果的社会评价

主持人发表《×××》《×××》《×××》《×××》等期刊论文及科研论文。把先进的教学理论应用到课堂教学中取得良好效果。

积极参与××科研活动，主持并参与多项省市级课题。参与本校教师培训校本教材编写。

在××××组织的××××大赛获得奖项。钻研教材及高考命题趋势，在××××大赛获得市×等奖。

关注学生培养，在××××赛区多次获得××××称号。

二、主要参考文献

5~10个，注意时间层次、内容层次。

三、课题主持人及主要参加者的学术背景和研究经验、组成结构

课题主持人对本课题有较多的理论储备，具有丰富的实践经验，可以完成预期的研究成果。经校科研领导小组研究决定同意该同志胜任此课题主持人。

本课题由××××带队，由××××指导实施。

（一）行政负责人

校教研处领导，×××，××教师。市骨干教师、教学能手，有丰富的教学及活动组织经验，主持并完成课题×项，参与专著编写、校本教材编写×次，在教师优课、教师技能竞赛中获得多项荣誉奖项。

（二）业务主持人

××，××教师。具备丰富的教学经验，担任过×规划课题主持人×项，参与××级课题研究×项，参与省市级培训×次，参与校本教材编写×次。擅长运用现代信息技术整合学科教学，在课题研究方面具备丰富的经验。

（三）课题组其他成员

课题组其他成员包含认真负责的本校主要领导，科研经验丰富的教科研主任，校外聘请的相关专家，教育教学经验丰富的各科骨干教师，班主任及积极好学的青年教师。其中学科覆盖数、理、化、文、史、地多个学科，研究人员经验丰富，积极性高，发表论文及获取多项荣誉称号，对本课题研究极具兴趣，是一支极具活力、具有科研素质、渴望实现成果的团队。

四、完成课题的组织保障

加强课题研究的组织领导，成立研究工作小组，全面负责研究工作，建立健全研究制度，定时间、定地点、定研究内容，保证研究落到实处。组织相关人员围绕本课题积极开展前期准备工作。

五、时间保障

课题组制定了周密的课题研究计划，课题组成员会按照时间安排严格开展课题相关研究，以责任到人为准则，保障课题组研究人员的认识统一，实行定期交流讨论，课题开展与实施均有具体安排。

针对本课题特点，研究时间为××××年×月至××××年×月，在

此期间通过××开展本课题研究。同时通过每月进行××指导，使××达到较好的××效果。

六、研究经费

本课题得到相关领导部门大力支持和肯定，配有可供研究的网络硬件设施。研究经费方面，主要使用单位课题的研究经费。此外，单位每年绩效工资中设有相应的奖励，为保障课题研究顺利进行提供了支持。

七、研究技术设备

单位设有计算机室，各办公室均配置笔记本电脑和投影设备、台式计算机。单位光纤网络全覆盖，确保研究正常开展。

综上所述，本课题拥有强大的软硬件力量，具备系统的理论和实践经验，设施齐全，经费充足。这为本课题顺利实施提供了保障。

【例3-38】

课题的可行性分析二

一、研究资料

《课题指南》、网络文献、专家指导、教研室资料、书籍，校内优秀教师优课案例及已结题课题成果资料。

二、研究时间

本校有教研时间、实验时间保障，建立课题研究微信群随时进行交流，教学周每周一次例会，教学周及寒暑假均可进行研究。

三、研究经费

本校有教研经费支持。学校领导及教研处高度重视本课题研究工作，给予课题研究充分的经费保障。

四、研究技术设备

校内网络全覆盖，每个教室均配备××，每个教研组都有××及台式电脑，每位班主任及教室配有笔记本电脑一台。信息技术教室有×个，信息技术会议室有×个，物理实验室、化学实验室、生物实验室、图书馆、书法室、美术室、音乐室、心理咨询室、社团活动室、多媒体智能录课室、录像设施齐全，能够保证课题实施需求。

五、所在单位提供的条件

本课题组成员研究能力强，学校资源丰富，能有效保障课题实验研究。课题组研究团队得到学校大力支持，由教研室主任引领，获得学校教研经费支持，保障本课题顺利进行。

十五、推荐人意见

在课题研究的准备阶段，推荐人意见是一个重要的环节，通常要求课题申报者提交一份来自领域内权威专家或资深同行的推荐信。推荐人意见不仅是对研究者学术能力和课题可行性的一种专业评估，也是课题评审委员会在审查课题申请时的重要参考依据之一。因此，研究者在课题研究的准备阶段，应认真对待这一环节。

（一）推荐人意见的主要内容

一份高质量的推荐人意见应当全面、具体，基于申报者的学术背景和课题特点，从多个角度提供合理、客观的评估。推荐人意见通常包含以下几个核心内容。

1. 申报者的学术背景与科研能力

推荐人应首先对申报者的学术背景、专业知识及其在研究领域内的成就进行评价。例如，推荐人可以评价申报者在该领域发表的科研成果、获奖情况、参与的重要科研项目，以及其在相关研究领域的学术声誉。对于教师课题研究而言，推荐人应关注申报者在教育实践中的创新性和科研能力，以及其将理论转化为实践的潜力。

2. 课题的学术价值和创新性

推荐人意见应具体评价申请课题的学术价值和创新性。推荐人可以指出该课题是否填补了某个学术空白，或是在已有研究基础上提出了新的研究视角、方法或理论框架。对于教育类课题，推荐人还应评价课题的实际应用价值，尤其是其在教学实践中的潜在影响，以及为现行的教育体系或政策是否提供有益的建议或改进。

3. 课题的可行性与团队能力

推荐人还应评估课题的可行性。可行性评估包括研究方法是否合适，研究设计是否合理，以及课题实施的难度和可能遇到的挑战。此外，推荐人应评价研究团队的能力，特别是团队成员的专业背景、分工情况和团队协作的经验等。对于较大规模的课题，推荐人还应评估研究团队的组织能力和资源获取能力。

4. 申报者的学术潜力与未来发展

除对当前研究能力的评价外，推荐人还应对申报者的学术潜力做出评估。这一部分尤其重要，能够帮助评审委员会了解申报者在未来科研道路上的发展潜力和学术前景。推荐人可以提及申报者在学术研究中的成长性，以及是否具备进一步推进该领域研究的能力和潜力。

（二）推荐人意见撰写的注意事项

为了确保推荐人意见的权威性与说服力，推荐人应注意以下几点。

1. 内容客观、具体

推荐人应基于对研究者和课题的真实评价进行撰写，避免使用空泛的溢美之词。多用一些具体的事例或数据可以使评价更加可信和具有说服力。

2. 注重逻辑性与条理性

推荐人意见的结构应清晰，评估意见应围绕研究者的学术背景、科研能力、课题创新性、可行性等方面展开，逻辑性要强，条理清楚。

3. 注重与课题研究的关联性

推荐人应特别关注课题申报者的研究能力与课题研究的相关性，确保推荐内容能够切实反映申报者在该领域开展课题研究的实力。

【例3-39】

推荐人意见一

××老师有较好的教育研究经验和热情，具有相应的研究能力。课题内容选题切合我校实际，实用性和创新性强，本人认为该课题可以按期完成，同意推荐××老师实施该课题。

【例3-40】

推荐人意见二

××老师近年来积极参与教科研活动，有较强研究能力，也成功参与了多次课题结题，该课题内容操作性强。本人认为课题可以取得研究成果，同意推荐××老师实施该课题。

【例3-41】

单位意见

本单位了解××省教育科学规划领导小组办公室的有关规定，本声明的法律后果由本单位承担。本单位保证课题负责人填写内容真实，课题负责人和参加者适合主持或参与本课题研究；本单位能够提供完成课题研究所必需的时间、经费等条件；本单位同意承担课题的管理职责和信誉保证。

第四章
课题实施阶段

第一节　课题立项通知书

课题立项通知书是课题研究进入正式实施阶段的重要文件，是课题管理机构对申报课题的审议结果的书面通知。该文件通常由科研管理部门发布，明确批准某一课题的立项申请，标志着课题研究进入正式实施阶段。课题立项通知书不仅是课题获准开展的正式凭证，还为课题的后续管理、实施和考核提供了基本依据。

一、课题立项通知书的核心内容

课题立项通知书通常包含以下几个关键部分，每一部分都有特定的意义与作用，确保课题研究在科学、规范的框架下开展。

（一）课题批准信息

课题立项通知书的开头通常会明确表述课题已获批准立项。这一部分通常包括以下信息。

1. 课题编号

每个立项课题都会被分配一个独立的课题编号，该编号用于后续的课题管理和进度追踪。课题编号通常是课题的唯一识别码，方便管理机构在不同阶段对课题的状态进行记录和审查。

2. 课题名称

课题名称就是课题的正式名称，确保课题研究的主题方向不发生偏离。

3. 课题负责人

明确了课题研究的负责人及其所在单位。课题负责人是课题研究的总指挥，承担着领导、统筹和管理课题的责任。

（二）课题研究期限

课题立项通知书通常会明确研究的起止时间，规定课题的研究期限。一般情况下，研究期限是根据课题的复杂性和研究内容确定的，通常会设定一年至数年的研究时间。在此时间框架内，课题负责人和团队需要完成规定的研究任务。研究期限的设定具有法律效力，课题团队须在规定的期限内完成所有阶段性和最终成果的提交。

（三）研究经费

对于有资助的课题，课题立项通知书中会明确资助金额及其使用要求。资助金额是研究的关键资源，科学合理地规划和使用研究经费是确保课题顺利开展的必要条件。课题立项通知书通常会对研究经费使用的范围做出说明，研究者需要严格按照规定的预算执行，包括人员费用、设备采购、数据采集、会议费用等。任何超出课题立项通知书规定范围的研究经费，都需要经过科研管理部门的额外审批。

（四）研究任务与预期成果

课题立项通知书可能会概述课题的主要研究任务和预期成果。这些任务和成果通常是根据课题申报书中的内容总结出来的，是对课题研究目标的进一步确认。研究任务明确了课题应当重点解决的核心问题，而预期成果则包括学术论文、研究报告、教育创新实践、教材开发等，这些成果通常是研究项目的具体体现。

（五）管理要求与监督机制

课题立项通知书通常还会规定管理要求与监督机制。这些规定包括课题研究过程中的阶段性评估和最终评审机制。课题管理部门可能会要求定期提交研究进展报告，以确保课题进展符合预期。此外，课题结束时还需进行结项验收，课题成果需要通过专家评审和管理部门的审查方可获得最终确认。监督机制的存在确保了课题研究过程的透明性和科学性。

二、课题立项通知书的作用

课题立项通知书在课题研究的各个阶段中具有重要作用，它不仅是课题获批的法律凭证，也是管理和指导课题实施的重要文件。

（一）课题研究的合法性依据

课题立项通知书是课题研究合法开展的基础文件，具有法律效力。获得课题立项通知书意味着课题研究得到了相关管理部门的正式批准，研究者有权根据课题立项通知书的规定开展研究活动。同时，课题立项通知书也明确了研究者在课题实施过程中的责任和义务，确保课题研究在法律和政策框架内进行。

（二）课题研究实施的指导文件

课题立项通知书为研究的实施提供了详细的指导框架。从研究任务、经费分配到研究期限，课题立项通知书明确了课题实施的各项关键因素，确保研究活动具有明确的目标和计划。研究团队在执行过程中可以依据该文件合理规划各个阶段的工作，确保课题研究的规范性和条理性。

（三）课题监督与评估的基础

课题立项通知书中的条款为课题管理部门提供了监督课题研究进展的依据。通过对课题立项通知书中规定的时间节点、经费使用情况和研究任务的完成度进行监控，管理部门可以有效监督课题的实施，确保课题进展符合预期。最终的课题结项验收也基于立项通知书中的预期成果和研究计划来进行评估，确保研究者完成既定任务。

三、课题研究者的责任与义务

接到课题立项通知书后，课题负责人和研究团队需严格遵守通知书中的各项要求，确保课题的顺利推进。研究者的责任与义务主要包括以下几项。

（一）按时提交进展报告

根据课题立项通知书的要求，课题负责人需定期向课题管理部门提交进展报告，汇报课题的最新进展和阶段性成果。进展报告是课题管理部门对课题进行动态评估的依据，研究团队需要确保报告的内容准确、翔实。

（二）合理使用研究经费

研究经费的使用必须符合课题立项通知书的规定。研究者应根据课题预算合理安排研究经费支出,并确保所有研究经费都用于课题研究相关的活动。在研究经费使用过程中,课题团队需严格遵守财务规定,保证透明度,并妥善保留经费使用的记录和凭证,以便在审计时提供证明。

(三)按时完成课题并提交成果

课题研究应严格遵循课题立项通知书中规定的时间安排,按时完成研究任务。在课题完成后,课题负责人需按照预期的成果形式提交研究成果,如学术论文、研究报告或教学创新产品。课题结题时,课题成果将由专家组评审,以决定是否通过课题验收。

【例4-1】

××省××"十四五"规划二〇××年度课题立项通知书

××同志:

经××审批,您申报的课题《××××》已被列为××省20××年度课题,课题批准号为:×××××××××。

根据《××课题管理办法》有关规定,您及所在单位必须承担相应责任并执行以下规定。

一、立项课题须在接到本通知后×个月内开题。课题主持人应结合课题研究进展,及时将开题报告、中期报告、阶段性研究成果等报送××科研部。

二、××将定期对立项课题进展情况进行督查,对逾期未开题或课题运行不规范者,将给予通报批评;情节严重者,取消立项资格。

三、更换课题主持人、题目,放弃立项等重要变更,须提前6个月通过××科研管理部门向××提出申请,经××批准后方可生效。

四、立项课题申请结题验收时,须遵照×××课题结题鉴定相关规定。

×××××

20×× 年 × 月 ×× 日

第二节 学 习

文献的学习在课题确定之初就已经开始，课题实施阶段依然要学习。在课题初始阶段填写完立项申请书后，课题组对哪些知识需要进一步的研究有了更为明确的认识。

一、自学提升

组织课题组成员进行有针对性的专业学习是有必要的。为了课题研究的顺利进行，集体或个人一定要对必备的知识进行学习和研究。

二、请教专家

有些知识是短期内无法掌握的，课题研究小组应该根据组内条件尽可能地请教相关领域的专家，克服课题研究中出现的困难。

三、资料学习

组织课题组成员进行网络搜寻和相关文献下载，学习和了解本课题研究的相关内容，对现有资料进行再次分析和总结，选出有针对性的内容，指导课题的进行。

关于资料来源问题，要进行文献来源标注，这是对科研者的尊重，也符合知识产权伦理道德。

四、学习案例

学习相关领域优秀案例，进行经验汇报分享，并学习省内外及其他单位的先进经验。

五、能力提升

组织课题研究涉及的人员进行技能培训，使课题实施能够取得良好的效果。

第三节　开题论证会

开题论证会是课题研究正式启动的重要环节，是课题研究从准备阶段过渡到正式实施的关键步骤。通过开题论证，研究者可以对课题进行全面的检视和优化，课题组成员和外部专家共同对课题研究的理论框架、研究方法、实施方案及其可行性进行系统讨论和评审。开题论证会不仅是确保课题研究方向准确、方法科学、目标清晰的重要机制，也有助于提升课题研究的质量。

一、开题论证会的准备工作

为确保开题论证会顺利进行，课题组应做好充分的准备。

（一）准备开题报告

课题负责人及其团队需要撰写开题报告，这份报告是论证会讨论的核心依据。开题报告应当内容翔实、结构严谨，通常包括以下几个部分。

1. 研究背景和意义

简要介绍课题的研究背景，说明课题的研究价值和理论意义，以及在教育实践中的重要性。

2. 研究目标和拟解决的研究问题

清晰描述研究的核心目标，具体说明课题拟解决的研究问题和主要研究假设。

3. 研究方法与技术路线

详细描述课题的研究设计、数据收集与分析方法、技术路线等，确保研究方法科学、可操作。

4. 研究的创新点

说明课题在理论、方法或实践中的创新点及其对领域内研究的可能贡献。

5. 研究计划与进度安排

明确课题的研究时间表，详细列出各阶段的任务和完成时间，确保研究过程有序推进。

6. 预期成果

说明课题的预期成果，包括学术论文、研究报告、教学实践的应用等。

（二）邀请专家和论证小组

开题论证会通常会邀请领域内的权威专家、同行学者或相关的教育管理人员组成论证小组。这些专家应具备丰富的学术经验和相关领域的研究背景，能够从专业的角度对课题提出建设性意见。课题负责人应合理选择论证小组成员，确保论证过程的公正性和科学性。

（三）论证材料的准备和提交

除了开题报告，课题组还应准备与课题相关的其他材料，例如研究计划表、参考文献清单、课题研究的初步成果（如果有）。所有材料应在开题论证会前适时提交给专家，以便他们有充足的时间审阅材料并准备反馈意见。

二、开题论证会的流程

开题论证会的具体流程如下。

（一）课题组陈述课题设计

在开题论证会正式开始时，课题负责人或其团队成员将对课题进行陈述，通常包括课题的背景、研究目标、研究内容、研究方法和预期成果等。陈述应简明扼要，突出研究的核心问题和方法。

（二）专家评议

专家组在听取课题陈述后，对课题设计进行详细的评议。评议的内容通常包括课题研究的意义和价值是否明确，研究目标是否具体、可实现，研究方法的科学性和可行性，研究计划和时间安排的合理性，研究预期成果的创新性和实际贡献。

专家评议通常采取开放讨论的形式，专家可以提出问题、质疑课题中的某些内容，或对如何改进课题提出建议。

（三）课题组答辩

在专家评议后，课题组成员应根据专家的提问和建议进行答辩，解释课题设计中的某些细节或对专家的意见进行回应。这一阶段的讨论有助于加深课题组对研究方案的理解，并对可能存在的问题做出调整。

（四）论证结论与建议

论证小组经过综合讨论，形成对课题的论证结论。结论通常包括对课题的总体评价、课题设计中存在的问题、进一步优化的建议、课题的可行性评估。如果课题设计没有大的问题，课题组即可根据专家意见对课题进行微调并进入下一阶段；如果存在较大问题，课题组可能需要对研究方案进行重大修改并再次论证。

三、开题论证会后的改进与落实

开题论证会后，课题组应对论证过程中专家提出的意见和建议进行认真分析，并根据反馈对课题设计进行调整。改进内容可能包括研究方法的调整、研究计划的细化、预期成果的修改等。研究者应及时将修改意见落实到课题方案中，确保课题在科学性、可行性和创新性上得到全面提升。

【例4-2】

开题论证会通知

时　　间：××××年×月××日 星期×

地　　点：××

评议专家：××、××

课题主持人：××

会议主持人：××

参与人员：××

会议程序：

一、会议主持人介绍参加本次课题开题论证会与会人员。

二、介绍本校近五年来课题研究情况及课题组成员有关情况。

三、课题负责人宣读《课题立项通知书》并作出工作指示。

四、课题组核心成员陈述课题开题论证报告，进行开题论证。

五、课题组其他成员结合自己的研究分工，对课题研究的实施进行补充发言。

六、课题组核心成员对开题论证会进行简要的归纳总结。

七、与会专家就课题实施的科学性与可行性进行评议，并对研究中可能存在的困难和问题进行指导，并提出解决方法。

八、会议主持人宣布《××××》开题报告会圆满结束。

第四节　撰写开题报告

撰写开题报告是课题研究中的关键步骤。通过撰写开题报告，研究者不仅能够梳理和明确课题研究的整体思路，还能帮助团队成员和外部专家了解研究的方向、目标、方法、实施路径。开题报告不仅是对课题的严谨规划，也是研究启动和顺利推进的基础。

一、撰写开题报告的重要性

撰写开题报告有助于研究者理清思路，深入思考课题的研究价值、目标导向、预期成果，以及如何科学、有效地实现这些目标。通过对开题报告的深入思考，研究者能够回答以下问题。

研究的动机是什么？为何要进行该课题研究？

研究的核心问题是什么？想要解决什么具体问题？

预期的研究成果是什么？希望通过研究达到什么样的学术或实践成效？

研究过程的可行性如何？所选的研究方法和步骤是否合理、能否达到预期目标？

如果在撰写过程中发现目标和方法之间存在不协调，研究者可以及时调整课题方向，避免出现"大题小做"或"小题大做"的问题。除此之外，开题报告中的工作计划为研究的具体实施提供了清晰的路线图，避免因方向不明或计划不完善而导致研究进度受阻。

二、开题报告的内容框架

开题报告的内容通常来自课题立项申请书，但又不同于课题立项申请书，需要在内容上进行细化。撰写开题报告时，应将理论和实际操作结合，做到数据翔实、方案具体。

（一）开题简况

开题简况应包括报告的时间、地点、程序、参与者和评议专家的信息。参与者通常包括课题组成员和外部专家，外部专家人数应不少于两人。这部分内容记录了开题报告的基本情况和组织框架，体现了论证的公开性和科学性。

（二）课题界定与研究设计

1. 课题界定

明确课题的研究范围和核心问题，确保研究内容集中且不偏离主题。

2. 选题意义

分析课题的理论价值和实践意义，说明为什么这个课题值得研究，以及对教育实践或理论发展的潜在贡献。

3. 省内外研究状况述评

对省内外相关研究成果进行梳理和评论，从中找出课题的创新点和研究空白，确保课题具有前沿性。

4. 研究目标

明确课题研究的主要研究目标，包括长期目标和阶段性目标，确保研究内容有针对性和层次感。

5. 研究内容、思路与方法

具体说明课题的研究内容，以及在研究过程中将采取的研究思路与方法，包括数据收集、分析方法和工具等。要将研究思路细化到操作步骤中，确保研究路径清晰可行。

6. 时间计划

合理规划研究的时间安排，将研究分解为若干阶段，确保每个阶段的目标和任务是明确、可操作的。

7. 预期成果

清晰描述课题的预期成果，包括学术论文、研究报告、教材开发等，确保成果有明确的形式。

这一部分，开题报告与立项申请书的区别在于细化和具体落实。例如，立项申请书中的表述是"通过研究提高课堂互动效果"，那么在开题报告中应具体描述如何实现这一目标，如"通过调研分析，制定以合作学习为基础的教学策略，并通过实验班与对照班进行实证研究，验证其有效性"。

（三）组织与分工

科学的组织与分工是课题研究顺利开展的保障。开题报告需要明确课题组成员的职责分工，确保每个成员都有具体的任务和责任。

第一，总体负责。课题负责人全面负责课题的规划、指导和组织工作，确保课题顺利开展。

第二，研究方案设计。该成员负责确定研究方向和制定研究方案。

第三，经费管理。该成员负责科研经费的筹措、管理和使用，确保研究经费合理使用。

第四，成果撰写。该成员负责撰写开题报告、阶段性成果报告和结题报告。

第五，资料收集与分析。该成员负责调查问卷设计、数据收集和分析工作。

第六，信息发布与宣传。该成员负责课题信息的审查、发布和宣传工作，确保研究进展公开透明。

通过合理的组织分工，可以确保各个研究环节的协调和高效推进。

三、专家评议要点

开题论证环节中，专家的评议至关重要。专家评议的主要内容包括以下几点。

第一，**课题研究的必要性和可行性**。专家将评估课题的研究价值和实际操作的可行性，确保课题有充足的理论依据和现实条件支持。

第二，**研究方法的合理性**。专家将评审研究设计中是否采用了适合的问题解决方法，研究步骤是否合理且具备可操作性。

第三，**时间和资源分配**。专家会评估课题的时间安排和资源分配，确保课题能够在规定时间内完成，且具备足够的资源支撑。

第四，**预期成果的可实现性**。专家将评估课题的预期成果是否切实可行，是否符合课题的实际情况，并提供改进建议。

四、开题报告撰写的原则

研究者在撰写开题报告时，应始终遵循严谨性、科学性、可操作性三大原则。

第一，**严谨性**。所有数据和计划必须基于实际调查研究，避免空泛或虚构内容。

第一，**科学性**。确保研究设计基于科学理论和方法，采用合理的研究路径。

第三，**可操作性**。研究计划的实施必须符合实际条件，确保每个环节都能按计划开展。

开题报告不仅是课题实施的基础规划文件，还为研究的调整和修正提供依据。在课题实施过程中，研究者可以依据开题报告对研究进展进行追踪，确保课题不偏离方向。

【例4-3】

开题报告节选

一、可行性评估

第一，课题选题是科学的、必要的，符合课程改革倡导的新理念，具有研究意义，注重理论与实践相结合。

第二，课题研究目标明确，有很强的针对性、可行性和操作性。

第三，课题选题的背景，包含省内外最新成果。研究者评析了其研究成果的优势和不足，并针对现有不足之处加以深入研究。

第四，课题内容详略得当、层次分明。

第五，课题研究方法具体且适当，课题研究计划完整、全面。

第六，课题创新之处较为明显，具有指导和促进作用。

二、建议

第一，课题研究方向及其基础思想具有一定的前沿性和推广性，但是应适合本单位具体情况。

第二，研究思路需进一步细化，对各阶段各成员的任务进行完善和调整。

第三，课题研究成果的展现形式较单一，应采取多样化形式呈现。

专家组最后建议，课题组应进一步修改并完善开题报告，定期组织开展研讨会，提倡任务型分工，推进课题研究并定期交流研讨心得与成果，还要合理安排时间，分阶段对研究过程性材料和佐证性材料进行归档与整理。

五、重要变更

重要变更应侧重说明对照课题申请书、评议专家意见所做的研究计划调整，可加页，也可以描述自上交立项评审书以来，在研究阶段进行的具体调整，可以是人员调整，也可以是方法调整，目标、措施、成果的调整均可。如果没有调整可以写"无"。

第五节　开题答辩

开题答辩是课题研究的重要阶段之一，是课题从设计阶段进入正式实施前的关键环节。通过开题答辩，课题组向专家评审委员会汇报课题的研究计划、思路、方法等，接受专家的评审、质询和建议。这一过程旨在确保课题的研究设计科学合理、研究路径可行，并为课题的正式实施奠定坚实基础。

一、开题答辩的准备工作

要确保开题答辩的顺利进行，研究者需要做充分的准备工作。这些准备工作不仅有助于课题的成功答辩，也能够提升研究者对课题的理解和掌控能力。

（一）准备开题报告

开题答辩的核心依据是开题报告。研究者应准备一份详细、规范的开题报告，报告具体内容可以参考本章第四节的相关内容。

（二）制作答辩PPT

为了更直观地呈现研究设计和研究思路，研究者应制作简明清晰的答辩PPT。答辩PPT应重点突出以下内容：研究的背景与意义、课题的研究目标与研究问题、研究方法的选择及其合理性、课题的创新性及其学术贡献、研究进度安排及预期成果。

答辩PPT内容应简洁明了，避免过多的文字堆积；重点突出研究的逻辑关系和关键环节，使评审专家在短时间内能够快速理解课题的核心内容。

（三）准备答辩发言稿

在答辩过程中，研究者需要对课题进行口头陈述。答辩发言稿应简洁有力，逻辑清晰。发言稿的内容应与答辩PPT相配合，涵盖课题的研究动机、核心问题、研究路径及其创新性等重点内容。发言时间一般在10~15分钟，因此研究者需要合理安排发言的重点，确保在规定时间内完成汇报。

（四）预设专家可能质询的问题

在答辩前，研究者应根据课题内容，预设一些可能被专家质询的问题，并提前准备好答复。常见的问题包括研究方法的合理性、研究创新点的实际价值、数据来源的可靠性等。通过事先准备，研究者能够在答辩时更从容地应对质询，并表现出对课题的深入理解。

二、开题答辩的流程

开题答辩通常按照以下几个流程进行，研究者需根据流程安排合理准备。

（一）课题陈述

开题答辩的第一步是由课题负责人或研究团队代表进行课题陈述。研究者需要在规定的时间内（通常为10~15分钟）对课题的研究背景、研究目标、内容方法、创新点、进度安排和预期成果等进行详细说明。陈述应条理清晰，重点突出，确保在有限时间内传达课题的核心信息。

（二）专家质询

课题陈述结束后，进入专家质询环节。评审专家将根据课题报告和研究者的陈述，提出针对性的质询，质询主要包括以下几个方面：研究问题与目标是否明确，研究方法是否合理、科学，研究计划是否可行，时间安排是否合理，课题是否具有创新性等。

研究者需要认真聆听专家的质询，并进行有针对性的回答。答辩过程中的回答不仅展现了研究者对课题的掌握程度，也能反映出研究者解决问题的能力。

（三）专家评议与建议

在质询结束后，专家将对课题的整体情况进行综合评议，并提出修改或优化建议。专家的建议包括对研究方法的修改建议、对研究计划中不合理部分的调整建议、对创新点的进一步挖掘建议、对资源分配和时间安排的优化建议等。

这些建议对课题的后续实施具有重要的指导作用，研究者应认真记录并加以改进。

（四）评审结果

开题答辩的最后一个环节是评审结果的公布。评审委员会通常会根据专家的评议，决定课题是否通过开题论证。如果通过，课题可以进入正式实施阶段；如果未通过，研究者需要根据专家意见进行修改，并重新提交开题报告，可能还需再次答辩。

三、开题答辩结束后的改进与落实

开题答辩结束后，研究者应根据专家的建议，对课题的研究设计进行调整和完善。这些调整可能涉及研究方法的修正、时间计划的重新安排、研究创新点的重新定位等。研究者应将专家的建议纳入课题实施计划中，确保课题研究的科学性和可行性。

【例4-4】

开题答辩稿

尊敬的各位评委老师：

大家上午（下午）好！

我是××学校的××，我研究的课题题目是×××。十分感谢科研处领导的精心指导，同时也很感谢各位评审老师百忙之中抽出宝贵的时间来参加我的开题答辩会。对于今天的开题答辩，我将从选题的背景、选题的意义、研究现状、研究内容、研究方法、研究创新点和可行性分析等几个方面来阐述。

一、选题的背景。之所以选择这个课题，是因为×××，通过文献的阅读和实际的调研之后发现×××，我想通过本次课题研究解决这个问题，因此与我校科研处领导共同讨论定下了这个选题。

二、选题的意义。从理论层面来看，本课题可以丰富××理论；从实践层面来看，本课题可以有效缓解××问题。

三、研究现状。通过梳理国外文献，本研究发现×××；通过梳理国内文献，本研究发现×××。

四、研究内容。本课题是先确定选题，再确定研究管理方法和研究计划。首先本课题对重要概念和相关理论基础进行概述，梳理国内外相关文献，通过××法（某种研究方法），深入了解×××存在的问题，深入分析×××的必要性和可行性，在此基础上，总结研究得出×××的结论与不足，对后续研究提出展望，这是本课题的技术路线图（PPT展示技术路线图）。

五、研究方法。研究方法主要有××法和××法，运用××法对××进行×××。

六、研究创新点。在研究方法上，从实际的角度本文将×××与×××相结合；在理论创新上，目前还没有研究者提出关于××方面的内容。

七、可行性分析。本研究初步研究分析了××问题的情况，在学校已有研究基础上，充分查阅大量文献资料和相关书籍，课题研究团队成员进行了充分的前期数据调研，在××专家的指导下，积累了不少经验。但目前我对这个课题的认知确实还不够，有诸多不足之处，也借此答辩机会，请各位专家能够提出宝贵的意见。

以上就是我的答辩，希望各位评审专家能够给予批评和指正，我的陈述完毕，谢谢！

第六节　调查研究

调查研究是获取第一手数据、验证理论假设和揭示实践问题的重要手段。通过科学设计调查工具，研究者能够全面了解研究对象的现状、需求与特征，为课题研究提供事实依据。同时，调查研究能揭示教育实践中的问题与发展趋势，为研究设计和实施提供有力支持，确保研究结论的科学性、可靠性和可推广性。调查研究不仅是研究过程中的数据来源，更是实现理论与实践结合的重要桥梁。

调查研究可以采取全面调查、个案调查、抽样调查、横向调查、纵向调查、书面调查、口头调查、定性调查、统计调查，也可以做一些综合的调查研究。

一、制作调查问卷

制作调查问卷时应考虑以下因素。

（一）明确研究目的和问题

在开始设计问卷之前，首先需要确定研究目的和想要解答的问题。问卷应紧密围绕这些核心问题展开，确保每个问题都与研究目的相关。

（二）确定目标受众

了解你的目标受众是谁，了解他们的年龄、性别、教育背景等特征，以及他们的需求和期望。这有助于制作调查问卷时使用合适的语言和问题类型，以确保问卷的易理解性和吸引力。

（三）设计问卷结构

问卷应该有清晰的结构，包括引言、主体问题和结束语。引言部分应简要介绍研究的目的和重要性，主体问题应涵盖想要了解的所有方面，结束语则应对被调查者表示感谢。

（四）选择合适的问题类型

问题类型可以根据研究目的和受众特点来选择。常见的问题类型包括选择题、填空题、量表题、开放性问题等。确保问题类型与研究目的相匹配，并尽可能使问题简洁明了。

（五）避免主观性和引导性语言

在设计问题时，要尽量避免使用主观性和引导性的语言，以免对被调查者的回答产生影响。问题应尽可能客观和中立，让被调查者能够根据自己的实际情况来回答。

（六）问题的顺序要合理并有逻辑性

问题的顺序应合理，遵循一定的逻辑，从简单到复杂，从一般到具体。这样可以帮助被调查者更好地理解问题，并更顺畅地完成问卷。

（七）进行预测试

在正式发放问卷之前，可以进行一次或多次预测试。这有助于研究者发现问卷中可能存在的问题或不足，并及时进行修改和完善。

（八）保护隐私

在问卷中应明确告知被调查者他们的信息将被如何使用并加以保护，以确保他们的隐私受到保护。

最后，记得在问卷设计完成后进行仔细的检查和校对，确保没有遗漏或错误。一份好的调查问卷不仅能够帮助研究者收集到有价值的数据，还能提升被调查者的参与度和满意度。

【例4-5】

教师信息技术需求情况调查问卷

一、基本信息

请问您的年龄范围是？

A. 18岁以下　　B. 18~30岁　　C. 31~45岁

D. 46~60岁　　E. 60岁以上

您的教学科目是？

_____

您目前在哪个学年？

A. 一年级　　B. 二年级　　C. 三年级

二、信息技术使用情况

您通常使用以下哪种方式上课？（多选）

A. 黑板板书　　B. 电子白板　　C. PPT

D. 视频　　E. 网络

其他（请注明）：_____

您每周使用信息技术手段上课的频率是？

A. 每周两次　　　B. 每周四次　　　C. 每天都用

D. 从不

三、信息技术需求情况

您对目前学校信息技术设备满意度如何？

A. 非常满意　　　B. 比较满意　　　C. 一般

D. 不太满意　　　E. 很不满意

您认为学校设备的哪些方面需要改进？（多选）

A. 电脑　　　B. 黑板　　　C. 软件

D. 网络　　　E. 技术支持　　　F. 培训

其他（请注明）：_____

您是否愿意尝试使用新的信息技术授课方式（如移动终端、人工智能等）？

A. 是　　　　B. 否

四、开放性问题

请简述您对目前信息技术授课的培训需求和改进建议。

_____

五、联系方式（非强制填写）

如果您愿意，请提供您的联系方式（我们将不会对外泄露您的个人信息）：

电话号码：_____

邮箱地址：_____

六、结束语

感谢您参与本次调查，您的意见对我们非常重要。我们将认真听取您的建议，努力提升学校信息技术资源，谢谢！

二、撰写调查分析报告

撰写调查分析报告是课题研究中的重要步骤，旨在系统反映调查的过程、结果和分析所得出的结论。通过对调查数据的深入分析，研究者可以总结规律，为后续的研究决策或实践提供有价值的参考意见。一份科学严谨的调查分析报告不仅要数据准确、内容完整，还需要在结构和语言上做到逻辑清晰、简洁易懂。

（一）调查分析报告的基本要素

调查分析报告的基本要素，包括以下几个方面。

时间：明确调查进行的时间段，确保数据的时效性。

对象：说明调查对象的选择标准与特征，例如样本的规模、年龄段、职业背景等。

范围：定义调查的地理范围或主题范围，确保调查结果有一定的适用性。

内容：清晰列出调查的核心问题或研究重点，以明确调查的具体方向。

方法：说明调查采用的具体方法，如问卷调查、访谈、观察等，并简述数据的收集过程。

这些要素的说明有助于提高调查报告的透明度，使读者能够充分理解报告背后的调查逻辑和数据来源。

（二）研究方法与研究结果的呈现

调查分析报告的重点在于清晰地呈现研究方法和研究结果。在撰写时，应对调查过程中所使用的方法进行详细介绍，例如问卷设计、样本选取、数据收集与处理等，确保研究过程的透明性与可重复性。

研究结果可以通过图表、表格等可视化方式直观呈现。表格的使用不仅能够清晰展示数据，还能够帮助读者快速理解数据之间的关联。

例如，使用频率分布表、柱状图或饼图等工具，可以有效展示问卷调查的选择分布情况。对于复杂的数据分析，可以使用软件（如问卷星等）来处理和分析调查数据，确保数据处理的科学性与准确性。

（三）撰写调查分析报告的关键原则

在撰写调查分析报告时，以下几项原则应严格遵守。

1. 客观公正

调查分析报告必须确保客观性和公正性。在数据分析和结果解读时，研究者需避免主观推测或偏见，以事实为基础呈现结果。对于异常数据或偏差，应给予客观的解释，而非简单排除或忽略。

2. 逻辑严密

调查分析报告结构应层次分明、逻辑严密，使读者能够轻松跟上分析思路，通常可以按以下顺序撰写：介绍调查背景与目的、描述调查方法、展示和分析调查结果、总结结论并提出建议。

3. 语言简洁

在语言表达上，研究者应尽量避免冗长和复杂的句子，使用简洁明了的语言表达结论和见解；避免过多的术语或专业词汇，以增强调查分析报告的可读性。

4. 图文并茂

充分利用图表和可视化工具来增强调查分析报告的直观性和可读性。图表不仅可以使数据更加直观，同时也可以减轻文本的阅读负担，增加调查分析报告的说服力。

（四）数据分析与软件的辅助

除了依靠专业人士的分析外，现代科技也提供了许多强大的数据分析工具。常用的软件有 SPSS（Statistical Package for the Social Sciences，社会科学统计软件包）、Excel、问卷星等，可以帮助研究者高效处理大量数据，进行统计分析。这类软件可以进行描述性统计、相关性分析、回归分析等操作，确保数据分析的精确度和科学性。

需要注意的是，使用软件进行数据分析时，应确保分析过程符合研究问题的逻辑要求，选择合适的统计方法，并对分析结果进行合理解释。如果结果和预期不符，研究者应仔细审视数据和方法，确保没有遗漏重要信息或出现分析错误。

（五）调查分析报告的结论与建议

调查分析报告的结论部分应基于分析的数据和结果，提出科学合理的结论。同时，研究者可以根据调查结果为相关领域的决策者提供切实可行的建议。这些建议应结合实际情况，确保具有实际应用价值，并且能对后续的研究或决策提供参考。

（六）调查分析报告的价值

一份科学严谨的调查分析报告能够为课题研究提供坚实的数据支持，是研究过程中不可或缺的重要环节。在撰写调查分析报告时，研究者应充分考虑调查分析报告的科学性、逻辑性和可操作性，确保其具备较高的学术和实践价值。

撰写调查分析报告是课题研究中的重要环节，研究者需确保调查分析报告内容客观公正、逻辑清晰，同时运用简洁明了的语言和图表进行直观展示。研究者借助专业的分析工具，能够进一步提高数据处理的科学性和准确性。基于透彻的分析，研究者应提出有价值的建议，帮助决策者做出科学判断，推动课题的深入研究与实践应用。

【例4-6】

调查分析报告

一、引言

本报告旨在分析近期进行的关于"高中生职业生涯规划的认知情况"的调查结果。通过问卷调查和访谈的方式，我们收集了大量数据，并对这些数据进行了深入的分析。本报告将重点展示调查的主要发现，并据此提出相关建议。

二、调查方法与样本情况

本次调查采用问卷调查和访谈相结合的方式，覆盖了全校的多个班级。问卷共发放××份，回收有效问卷××份，有效回收率为××%。访谈则选取了不同学年和不同性别的学生，确保样本的多样性。

三、调查结果分析

（一）职业生涯规划的认知情况

大部分学生对职业生涯规划有一定的了解，但在具体学科选择和报考目标上存在较大的差异。

高三年级相较于高一年级对职业生涯规划的认知更为深入，他们更倾向于通过网络等渠道获取相关知识。

（二）职业生涯规划的实践情况

虽然大部分学生听说过职业生涯规划，但实际参与程度并不高，存在"知道但不做"的现象。

部分教师引导不足，影响了学生的参与积极性。

（三）影响因素分析

缺乏教师引导和指导标准手册是导致学生实践困难的主要原因。

学生对职业生涯规划的重视程度、学校宣传力度、家长的关注程度等因素也影响了职业生涯规划的认知效果。

四、存在的问题与挑战

（一）职业生涯规划知识普及不够

许多学生对职业生涯规划的具体要求和意义了解不足，导致学习效果不佳。

（二）学校组织与宣传不到位

部分班级教师宣传力度不足，影响了学生思考的积极性。

（三）家长重视程度不高

家长在学生职业生涯规划方面了解不足、重视程度不高。

五、建议与对策

通过班级活动、学校宣传等多种渠道，加强学生职业生涯规划知识的普及，提高学生的认知水平。

完善职业生涯规划宣传手册，组织更多的相关活动，提高学生对职业生涯规划的重视，加强学生的思考。

加强家校沟通，帮助家长了解学生职业生涯规划的知识，联动帮助学生正确建立相关思维。

六、结论

通过本次调查，我们发现学生职业生涯规划的认知与实践情况存在较大的差异。虽然大部分学生听说过职业生涯规划但实际参与程度并不高。因此，我们需要加强职业生涯规划知识的普及，完善职业生涯规划手册，并加大宣传和与家长沟通的力度，以推动职业生涯规划活动的深入开展。

七、附件

（此处可附上问卷调查的详细数据、访谈记录等相关资料）

【例4-7】

调查结果分析报告

——《××××》课题组

××××年×月，我校设计、申报的课题《××××》经校、县、市、省层层审核，最终获得了××××课题立项。为了更好地了解我校学生对××××的运用情况，获取第一手资料，保证课题研究的顺利进行，××××年×月，我们设计了教学调查问卷（学生卷），对我校的全体高一学生做了问卷调查，现将相关问题报告如下。

第一部分：调查活动的目的和实施过程简述

为进一步推进课堂教学中××××在教学的调查研究，提高我校教学工作的有效性，我们面向全校学生开展了此次有效教学问卷调查的活动。希望通过调查，我们可以比较全面和客观地了解学生对××××教学的感受，也向广大学生征求推进××××教学的意见，如什么样的教学更能取得实效。

调查问卷共包含8道题目，其中3道题为单项选择题，其余为开放题。题目内容涉及教学的各个环节，如预习、授课、作业等，既围绕教师的教学行为也关注学生的学习习惯。

本次问卷调查面向全校所有班级的学生，全校高一的每个班都参与调查，在全校高一××个班共发放问卷×××份。参与调查的学生占到我校学生总数的三分之一。

调查问卷由学生独立填写，不要求署名。调查问卷于当日收回。共收回有效问卷×××份，占所发放问卷的100%。

我们课题组全体人员对收回的有效问卷进行了逐项统计，并进行了结果分析。

第二部分：调查问卷的内容

一、问卷制作与调查对象

调查问卷共设 8 道题，3 道选择题，5 道开放题。我们分别对全校高一×××名学生做了问卷调查。调查过程共发放学生问卷×××份，共收回有效问卷×××份。

二、问卷调查结果与分析

（一）各类学生占比

调查结果显示有 6.25% 的学生一直进行课前预习，37.5% 的学生经常进行课前预习，43.75% 的学生偶尔进行课前预习，12.5% 的学生从不进行课前预习。

（二）课前预习的方式

极少学生先将内容浏览一遍，大概知道要学习的内容，看一下本节课的练习题，做一个预习小结；20.8% 的学生翻看教材及辅导书，查看相关的资料；4.16% 的学生看一遍公式；大部分学生没有预习习惯。

（三）课堂上学习数学的困难

33.3% 的学生数学基础差，走神后跟不上课堂节奏，思维迟钝；22.9% 的学生觉得数学难、枯燥；14.6% 的学生认为擦黑板太快，来不及抄黑板上的答案；29.2% 的学生觉得课上听得懂，课后做题不会。

（四）你认为使用××××对你的学习是否有帮助

70.8% 的学生认为有帮助，8.3% 的学生认为没有帮助，20.9% 的学生认为不知道和无所谓。

（五）具体帮助

学生可以在网上查找不了解的知识，加快学习进度；可以更清楚地了解学习内容，及时找到有用的资料。激发学生学习数学的兴趣，增加课外知识。对于不会做的题学生能及时找到详细解析，一些疑难题型学生可以借助××搜索。学生还能接触很多不同类型的题。

（六）你都用过哪些软件进行学习

大部分学生用的是××××、×××。其余还有××××、××××等软件。

（七）课外用手机的情况

10.4%的学生随时都能使用手机，25.8%的学生经常使用手机，39.6%的学生受家长限制，不能随时使用手机，24.2%的学生基本不使用手机。

（八）课后作业的预留建议

有的学生希望按成绩的好坏留不同的作业，有的学生觉得应该少留点作业，留多了会弄虚作假。有的学生认为应该多留点重点典型题、拔高题。也有的学生觉得应该建立微信群和QQ群等进行课后交流等。

三、探讨与建议

根据本次调查了解到的我校学生情况，我们认为，我校的课堂教学改革已迈出了可喜的一步，取得了一定的成绩。广大教师认真学习新课程理念，积极开展课堂教学研究，进一步解放了思想，转变了观念，改进了教法，课堂教学效率有所提高。但是学生的学习模式还有待进一步提高。××学习是一种在移动计算设备帮助下的能够在任何时间、任何地点发生的学习，××学习所使用的移动计算设备必须能有效地呈现学习内容并且提供教师与学习者之间的双向交流，其核心优势在于灵活多变的学习方式。在未来的二十年，××学习的发展将经历三个阶段：基础环境建设阶段，知识体系化建设阶段和学习服务建设阶段，每个阶段间的过渡是迭代循环的过程。

同时，××学习在数字化学习的基础上通过有效结合移动计算技术带给学习者随时随地学习的全新感受。××学习被认为是一种未来的学习模式，或者说是未来学习不可缺少的一种学习模式。

近年来，随着×××等技术日趋成熟，移动通信技术与计算机技术的不断融合，一个全新的概念——×××在教育领域应运而生，×××是数字化学习的延伸，它是知识经济社会人们教育需求和职业发展需求的反映，是现代社会人们工作变动性大、时间紧张的表现，是移动通信技术在教育中的具体应用，是人类追求新的学习方式和自我完善的体现。在短短几年时间里，×××已经逐渐成为国内外教育研究的一个重要领域。由于×××还是一个新生儿，作为一个全新的研究领域还有许多的问题有待人们去发现、去思考、去解决。如何充分地、有效地使用移动计算技术辅助教学和学习成为这个领域研究的重点，也成为我们研究的宗旨。

三、调查数据分析及图表展示

数据分析方法包括描述统计、方差分析、回归分析、相关分析、理论结构模型分析等。

调查者根据调查数据可以分析现状，得出结论，提出对策。调查数据对于课题研究来说非常重要，务求范围广、分布均、数据准确。调查数据的分析通常用统计图、表格、数学模型等方式来展现。

（一）常用统计图

1. 柱状图

柱状图（Bar Chart）是一种常用的统计图，用于展示分类数据的对比情况。通过以矩形柱体的高度或长度表示不同类别的数值，柱状图能够直观地反映各类别之间的差异。常见的形式包括垂直柱状图和水平柱状图，前者适合直接比较不同类别的数值大小，后者适合展示较长的类别名称。

柱状图广泛应用于教育、科研等领域，尤其适合展示分类数据或时间序列数据的变化。设计柱状图时，应确保数据呈现的清晰性和分类变量的易读性，合理设置轴刻度和柱体间距，以避免视觉误导。它是一种直观、有效的数据展示工具，便于快速比较和分析。

【例4-8】

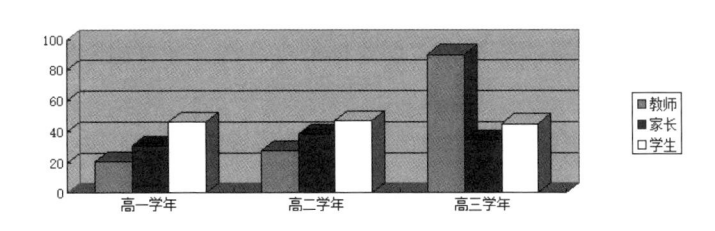

柱状图

2. 饼状图

饼状图（Pie Chart）也是一种常用的统计图，主要用于展示数据中各组成部分相对于整体的比例。饼状图通过将整个数据集表示为一个圆形，并将其分割成若干扇形区域，每个扇形的角度和面积与其代表的数值成正比，饼状图能够直观地反映出各部分所占的比例大小。它特别适用于展示数据的相对构成，如学生成绩的各档分布、不同项目的预算占比等。

饼状图的优势在于能够快速呈现数据中各部分的相对比例，但它不适用于对比具体数值或处理过多类别的数据。设计饼状图时应确保类别数量适当，避免信息过于分散，同时建议为各部分标注清晰的百分比或数值，以提高数据的可读性和准确性。

【例4-9】

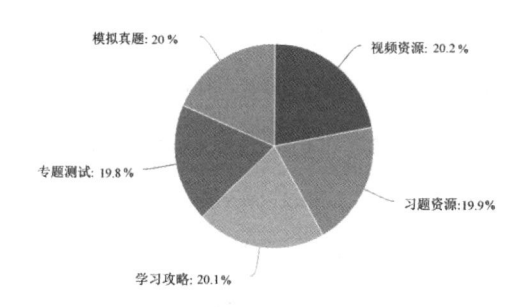

饼状图

3. 折线图

折线图（Line Chart）是一种用于展示数据随时间或其他连续变量变化趋势的统计图。通过将数据点依次连接成线，折线图能够直观反映数据的波动、增长或下降趋势，常用于分析时间序列数据，如学生成绩随学期的变化、年度科研成果的增长等。它适合表现数据的连续性，并突出随时间推移的变化趋势。

折线图的优势在于能够清晰显示数据的变化趋势和波动，便于对变化进行预测和分析。设计折线图时，应合理设置横轴和纵轴的刻度，确保数据变化的准确呈现。多个折线可以同时绘制在一张图中，以对比不同变量的变化，但需要使用不同颜色或线型加以区分，避免读者混淆。

【例4-10】

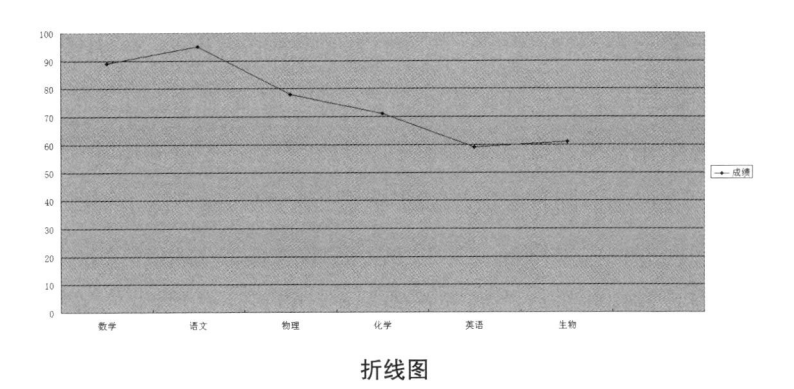

折线图

4. 散点图

散点图（Scatter Plot）是一种用于显示两个变量之间关系的统计图，通过在二维坐标系上绘制数据点，展示每个数据的横坐标（X轴）和纵坐标（Y轴）对应的数值。散点图能够有效揭示变量之间的相关性，帮助研究者判断是否存在线性或非线性的趋势，如学生学习时间与考试成绩的关系、教育投入与成果产出的关联等。

散点图的优势在于能够直观展示数据的分布及其潜在关系，适合用于探究变量间的相关性或模式。设计散点图时，应确保坐标轴刻度合理，数据点清晰可辨。若多个数据集同时绘制在一张散点图上，可以使用不同颜色或形状区分不同组别的数据点，以提高图表的可读性和分析的准确性。

【例4-11】

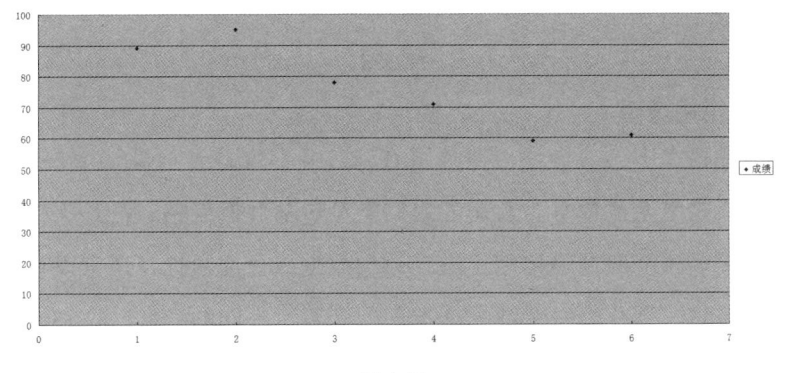

散点图

5. 雷达图

雷达图（Radar Chart），又称蛛网图或极区图，是一种用于显示多个变量之间相互比较的数据可视化工具。它通过将每个变量作为一个辐射轴，并在这些轴上绘制数据点，最后连接成一个多边形，从而显示各变量的相对数值。雷达图特别适用于同时比较多个维度的表现，例如，评估学生在不同学科中的成绩表现，或对比不同教学方法在多项指标上的效果。

雷达图的优势在于能够在一张图表中直观展示多个变量的平衡性或差异性，便于研究者发现各维度之间的强弱关系。设计雷达图时，应确保每个轴代表的变量具有可比性，且数据点的连线清晰易读。雷达图主要用于显示相对关系，不适合展示绝对数值，且变量数量过多时可能导致图形过于复杂，影响解读效果。

【例4-12】

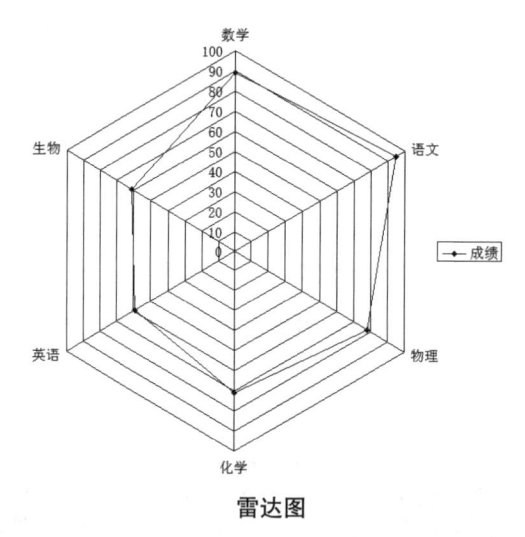

雷达图

（二）常用表格

在课题研究中，表格是一种常用的数据组织和展示工具，能够有效地整理和呈现大量复杂的信息。常用的表格类型包括数据表格、汇总表格、比较表格和进度表格。数据表格用于展示原始数据或分类数据，通常以行和列的形式排列，每一行代表一个数据样本，列则表示不同的变量。这种表格广泛应用于呈现实验数据、问卷结果等，能够直观展示不同变量之间的关系。汇总表格则用于总结数据的核心统计结果，如平均值、标准差、频率分布等，帮助研究者快速分析和理解数据的总体趋势。

比较表格通过将不同对象的特征、数据或指标列在同一表格中，便于对比分析，常用于评估不同教学策略或实验条件的效果。进度表格则用于跟踪项目的时间进度和任务完成情况，帮助研究者明确每个研究阶段的任务和时间节点。这些表格在研究中起到分类、汇总和分析的作用，设计时应确保结构清晰、逻辑合理，并根据研究需求选择合适的表格形式，以确保信息传达的有效性和准确性。

【例4-13】

常见表格

班级	人数	前测成绩均值	后测成绩均值	提高分值均值
实验班级	55			
其他班级	450			

（三）数学模型的应用

数学模型的应用不一定非要用很高深的公式，对数据的数学分析一般来说，包括平均数、极差、中位数、众数、方差等数字特征，也可以用折线图、柱状图、饼状图、雷达图、散点图、频数分布直方图等表达。这些方法在不同研究中能给予研究者不同的数据感观，研究者可以对比使用，分析选择。

稍微复杂一点的数学模型还有一元函数模型、非线性模型、二项分布、正态分布、相关性检验、概率统计、数学建模等。这些统计方法需要研究者具备一定的数学分析能力，这些数学模型常用来分析被调查者的分布情况，分析两个变量之间是否具有相关关系，分析规则是否公平，以及一件事情做与不做对哪一方更有利等。

这里简单介绍几个常见的数学情境，帮助读者体会数学模型的妙处。

1. 统计

统计是课题研究中不可或缺的环节，用于收集、整理、分析和解释数据，帮助研究者揭示数据中的规律和趋势。通过统计，研究者可以量化观察到的现象，从而验证假设、发现相关性或揭示变量之间的因果关系。在教育研究中，统计被广泛用于分析学生成绩、教学效果、问卷调查结果等，常用的方法包括描述性统计（如平均值、标准差、频率分布）和推断性统计（如假设检验、回归分析）。统计能够为研究结论提供定量支持，提升研究结果的科学性和可信度。

统计的核心在于确保数据分析的精确性和客观性，因此选择合适的统计方法非常关键。研究者应根据研究问题的性质和数据的特性，采用合适的统计方法，如参数统计与非参数统计、相关分析与因果分析等。同时，研究者需要考虑统计数据的局限性，避免误用或过度解读数据。通过严谨的统计分析，研究者可以获得更深刻的洞察，为教育实践或理论研究提供科学依据。

【例4-14】

某校共有学生800人，其中高三有240人，高二有260人，高一有300人，为了解该校学生的创新能力，学校决定抽取80名学生进行调查。

在这个案例中，研究者希望通过调查学校中部分学生的创新能力来推断整个学校的学生情况。由于学校共有800名学生，且不同年级学生人数不同，因此选择分层抽样是适宜的方法，以确保每个年级的学生比例在样本中得到合理的反映，从而保证抽样结果的代表性和准确性。

分层抽样是一种将总体划分为若干个互不重叠的层（如年级），然后从每个层中按比例抽取样本的方式。在本例中，按照各年级学生所占的比例进行抽样：

高三共240人占总人数的30%，因此应从高三抽取24人（80×30%=24）。

高二共260人占总人数的32.5%，因此应从高二抽取26人（80×32.5%=26）。

高一共300人占总人数的37.5%，因此应从高一抽取30人（80×37.5%=30）。

这种抽样方法确保了调查样本能够按各年级的比例进行分布，使得样本更加具有代表性，从而提高调查结果的推论效力。

2. 独立性检验

独立性检验（Test of Independence）是一种统计方法，用于判断两个分类变量之间是否存在显著的关联或相互独立。它广泛应用于教育、社会科学、医学等领域，尤其在研究是否存在变量间的相关性时具有重要意义。在教育研究中，独立性检验可以用于探讨诸如学生的性别与学习成绩、教学方式与学习效果等因素之间的关系。

独立性检验的常用方法是卡方检验（Chi-Square Test），通过比较实际观测频数与期望频数之间的差异来判断两个变量是否独立。如果差异显著，则认为变量之间存在相关性；如果差异不显著，则可以推断两个变量是独立的。独立性检验的基本步骤包括以下方面。

第一步：提出假设。原假设通常是两个变量彼此独立，没有关联；备择假设则是两个变量存在关联。

第二步：计算卡方统计量。根据实际观测数据和期望频数计算卡方值。

第三步：判断显著性。通过查找卡方分布表或使用统计软件（如SPSS），将计算的卡方值与临界值进行比较。如果卡方值超过临界值，则拒绝原假设，说明两个变量之间存在关联。

独立性检验能够为研究者提供客观依据，用于分析变量间是否具有统计上的相关性，从而为课题研究中的推论和决策提供可靠支持。在设计和解读独立性检验时，研究者还需关注样本量的充足性和数据的适用性，以确保检验结果的科学性与准确性。

四、实验报告

实验报告是对整个实验过程的详细总结，是能够全面反映实验全过程及其结果的书面资料。通过实验报告，研究者可以系统地呈现研究过程，分析实验数据，得出科学的结论。实验报告的具体内容应包括标题、问题与假设、实验方法与过程、实验结果及结论。

（一）标题

实验报告的标题应简洁明确，准确反映实验研究的核心内容和主题，通常包括研究对象、变量关系和实验方法，突出关键信息，如"合作学习对初中数学成绩影响的实验研究"。标题需避免过于宽泛或模糊。

（二）问题与假设

实验报告首先需要明确研究的问题与假设。这一部分应说明所研究问题的性质、实验的范围，以及研究的基本假设，使读者对实验课题有一个总体的了解。撰写时应着重突出以下内容。

1. 研究的必要性

阐述为什么要研究该课题，包括课题的理论意义和实践价值。

2. 研究假设

重点阐述实验假设，明确实验要解决的主要问题，解释建立假设的理论依据，并清晰界定实验中的自变量和因变量。

例如，如果研究发现"学生计算能力差且不喜欢做数学题"，研究者则可以提出假设："通过母题仿写练习可以帮助学生提高计算能力。"在提出假设时，研究者最好先对现有研究的进展进行概述，指出目前已有的解决方案或干预措施（如大量模块练习等），然后提出创新性解决方案（如通过参考母题进行大量练习等）。问题与假设部分通常涵盖三个要点：问题的提出、现有研究综述、研究假设的提出。这部分内容可根据需要分章节详细描述，也可简洁地通过前言概述。

（三）实验方法与过程

实验方法与过程部分是实验报告的核心内容之一，旨在详细说明实验的实施方式、过程和设计原理。撰写时需要包括以下内容。

1. 被试选择

详细描述被试的条件、数量及取样方式，说明实验对象的代表性、实验时间和研究结果的适用范围。

2. 实验设计与类型

明确实验的组织类型，是单组对比还是多组对比，是同年级比较还是跨年级比较，并解释选择该组织类型的依据，如根据考试成绩、评分标准等。

3. 实验步骤

详细说明实验的具体步骤和操作，包括实验处理的过程。例如，如何对实验班进行干预，以及不同阶段的处理方式。

4. 自变量与因变量的验证

如果实验是为了验证某种教学方法对学生数学解题能力的影响，则需要在实验前对学生进行前测，记录初始成绩；实验结束后进行后测，将二者进行比较分析，以确定教学方法是否产生显著影响。测试方式的选择（如书面测定、口头测定、操作测定）也应加以说明。

在描述实验过程时，研究者必须详细说明实验在哪个学校、哪个年级、哪个班级进行，样本的基本信息（如男生与女生的比例、总人数），以及实验的持续时间。这些细节有助于增加实验的可信度，确保读者相信实验数据来自真实的研究，而非虚拟或捏造的结果。实验方法部分不仅要描述实验的操作步骤，还应阐明为什么采用这些方法，以保证实验具有科学依据和可重复性。

（四）实验结果与结论

实验结果与结论部分是对实验数据的分析和总结。此部分不仅要呈现实验数据，还需要通过数据分析回答课题提出的问题。

1. 实验结果的分析

详细报告实验数据，并结合图表展示实验结果。图表应符合正确的格式，数据需经过严格验证，确保准确无误。为了确保实验结果的科学性，通常还应使用统计检验方法来分析自变量与因变量之间的关系。

2. 讨论与比较

通过实验结果回答研究假设提出的问题，分析实验数据是否支持假设。此外，还应将本次实验结果与已有的同类研究进行对比，找出实验的优劣之处，提出本研究的创新点或不足。

3. 典型事例与数据

除了定量数据外，报告中还可以包含一些典型事例，帮助读者更好地理解实验过程与结果。这些事例可以用来解释实验的特定现象，增强实验的说服力。

4.实验结论

实验结论应来自实验结果，并以严密的推理为基础。结论应回答实验提出的主要问题，且语言应简洁明确，逻辑清晰。结论的适用范围应与实验的取样范围一致，不应超出实验数据支持的范围。研究者在结论部分需要谨慎推理，避免夸大研究结果的适用性。

实验报告是对实验全过程的全面记录和总结，它不仅展示了实验的设计、过程和数据分析，还为后续研究提供了重要的依据。撰写实验报告时，研究者应遵循科学严谨的原则，清晰、准确地记录实验各个阶段的详细信息。通过客观的数据分析和严密的逻辑推理，实验报告能够为研究课题的结论提供有力的支持，并为后续研究和实践提供参考。

【例4-15】

信息技术背景下教师分层培训的实验研究

组织实验年级的教师，应认真学习《信息技术》校本教材和先进的教学理念，深刻反思过去的教学行为，认真总结教学中的得与失。传统的教学中教师的基本功很扎实，但是忽视了信息化教学，束缚了学生的想象力，特别是创新能力受到制约，不能适应教育信息化发展的要求。

我们通过聘请专家入校的方式培训教师，还使用了分层培训的方法，开设公开课、研究课。

一、调查摸底教师分层

先制定分层标准。根据教师信息技术能力各方面差异进行深入细致的全面调查和分析，为有针对性的教学提供可靠的依据。

二、分层培训

（一）分层授课

因材施教，设计好分层次教学的全过程，确定具体可行的教学目标，分清哪些属于共同的目标，哪些不属于共同的目标。如对 A 层的教师应多给予指导，设计的问题可简单一些，梯度缓一点，要求他们能掌握主要的知识，学习基本的方法，获得基本的能力；对 B 层的教师设计的问题应有点难度，要求他们能熟练掌握基本知识，灵活运用基本方法，发展理解能力和思维能力；对 C 层的教师要设计一些灵活性和难度较大的问题，要求他们能深刻理解基础知识，灵活运用知识，发挥创造力和创新精神。

（二）分层练习

分层练习是分层教学的核心环节，其意义在于强化各层教师的学习成果，及时反馈、矫正，检测学习目标的完成情况，把所理解的知识通过分层练习转化成技能，反馈教学信息，对各层教师开展补偿评价和发展训练，起到逐层落实目标的作用。

（三）分层作业

针对不同层次的教师，应设计不同题量、不同难度的作业。

（四）分层测试

开始我们设计的是一张试卷，试题分星级。这种形式测试，各层教师都能得到高分，甚至 A 层教师分数可能超过 B 层、C 层，还可能超过卷面总分，批阅、计算成绩就比较麻烦。

后来我们改为出 A、B、C 三张试卷，难度不等，分值相同，同样起到了激励的作用，但评定更客观了。

三、结果与讨论

这部分主要展示的是实验取得的数据和统计分析的结果。研究中取得的数据通常以统计图表的形式呈现。在统计表中要将不同级别的数据对比地展示出来，说明使用的统计量和显著水平。在展示实验结果的各项统计数字之后，我们对统计数字所说明的问题进行分类和分析。数据及统计分析结果说明了实验变量与实验结果之间的关系；典型事例能使读者更好地理解实验结果，使实验更具有说服力。

第七节　课题实施过程中形成的校本课程及校本教材

一、校本课程的设计

校本课程又称为学校课程，是学校在确保国家课程和地方课程有效实施的前提下，针对学生的兴趣和需要，结合学校的传统优势及办学理念，充分利用学校和社区的课程资源，自主开发或选用的课程。其价值在于通过课程展示学校的办学宗旨和特色。校本课程大多属于实践性课程，并不以系统知识为基本内容，也不以读书、听课为主要学习方式，而是围绕学生需要研讨和解决的问题来组织具有多样性、动态性的课程资源，引导学生在调查研究、讨论探究等活动中进行生动活泼的学习。这种课程形式旨在培养学生的主体意识、合作意识、创新意识和动手能力、交往能力、收集处理信息的能力、发现与解决问题的能力。

在校本课程的设计和开发过程中，教师与家长是最重要的课程资源。他们特别注重主体性、合作性、选择性、开放性、特色性和创造性，确保校本课程能够真正满足学生的需求，促进学生的全面发展。例如，某学校根据自身的经济、文化等资源，以及学生多样化、全面化、持续性发展的需要，决定设置以书法课为中心的校本课程。这样的课程不仅注重提高学生的书法技能，还致力于营造浓厚的书法文化氛围，以字育德、益智、练志、养性、会友、兴校，从而体现学校的办学特色。

怎样设计校本课程呢？

设计校本课程旨在满足学生的特定需求和兴趣，同时反映学校的办学理念和特色。以下是一些设计校本课程的关键步骤和要点。

（一）明确课程目标

校本课程的目标应该与学校的整体教育目标相一致，并着重于培养学生的某种特定能力或兴趣。例如，目标可能包括提高学生的创新能力、团队合作能力或对某一学科领域的深入理解。

（二）分析学生需求

了解学生的需求是设计校本课程的关键。通过问卷调查、访谈或观察等方式，收集学生对课程内容的期望和建议，以确保课程能够真正满足他们的需求。

（三）挖掘课程资源

充分利用学校内外的课程资源，包括教师、学生、家长、社区成员及各类教学材料。同时，结合学校的特色和传统优势，开发出具有独特性的课程内容。

（四）设计课程内容

根据课程目标和学生需求，设计具体的课程内容。这些内容既具有挑战性又具有趣味性，能够激发学生的学习兴趣和积极性。同时，要确保课程内容与国家课程和地方课程相衔接，避免重复或遗漏。

（五）确定教学方法和评价方式

选择适合的教学方法和评价方式，以确保课程的有效实施和学生的学习成果。教学方法可以包括讲授、讨论、实践、探究等多种方法，评价方式可以包括作业、测试、项目展示等多种方式。

（六）制定课程计划

制定详细的课程计划，包括课程安排、教学进度、教学资源等。确保计划的合理性和可行性，以便教师能够顺利地开展教学工作。

（七）持续评估和改进

在课程实施过程中，要定期对课程进行评估，了解学生的学习情况和反馈意见。根据评估结果，及时调整和改进课程内容、教学方法和评价方式，以确保课程的质量和效果。

设计校本课程是一个复杂而重要的过程，需要综合考虑多方面的因素。通过明确目标、分析需求、挖掘资源、设计内容、确定方法和评价方式、制定计划和持续改进等步骤，开发出高质量、有特色的校本课程，满足学生的需求并促进学校的发展。

【例4-16】

"家乡风情"校本课程

一、课程背景

考虑到学生对家乡文化的兴趣和归属感,以及学校希望通过课程深化学生对家乡文化的理解,我们设计并实施了"家乡风情"校本课程。

二、课程目标

第一,让学生了解家乡的自然环境、历史背景、人文特色等。

第二,培养学生的地方文化自豪感和归属感。

第三,提高学生的观察力、研究能力和表达能力。

三、课程内容

第一,家乡的自然风光。组织学生实地考察,观察家乡的山水风光,记录并分享自己的所见所感。

第二,家乡的历史遗迹。引导学生收集资料,了解家乡的历史沿革,介绍重要的历史遗迹和人物。

第三,家乡的特色文化。它包括方言、民间故事、传统手工艺、地方美食等,让学生深入了解和体验。

四、教学方法

第一,实地考察法。组织学生到家乡的各个景点进行实地考察,让学生亲身感受家乡的魅力。

第二,小组合作法。学生分组进行资料的收集、整理和展示,培养他们的合作精神和团队协作能力。

第三,互动讨论法。在课堂上引导学生进行互动讨论,分享自己的发现和感受,激发他们的学习兴趣和热情。

五、课程评价

通过学生的实地考察报告、小组展示、课堂讨论等方式进行课程评价,同时鼓励学生进行自我评价和相互评价,提高他们的自我认知能力和批判性思维。

六、课程成果

课程结束后，学生不仅对家乡的文化有了更深入的了解，也提高了自己的综合素质和能力。他们制作的家乡风情展示册、拍摄的家乡风光照片和视频等，都在学校的展示活动中得到了广泛的好评。

这个校本课程案例以学生的兴趣和需求为出发点，通过多样化的教学内容和方法，让学生在轻松愉快的氛围中学习和了解家乡文化，达到了预期的教学目标。

校本课程是学校根据自身的实际情况和办学理念，自主开设的课程，旨在满足学生的兴趣和需求，促进学生的全面发展，并展示学校的办学宗旨和特色。每个学校的校本课程都应根据其实际情况进行设计和实施，以更好地满足学生的需求和促进学校的发展。希望这个案例能为读者提供一些启发和借鉴。

二、校本教材的编写

校本教材是以学校为本的教材，是学校自己开发的校本课程所用的教学材料的统称。它是基于学校、基于教师、基于课程的需要而编写的，以学校的校长和教师为主体，为了有效地实现校本课程目标，达到教育的目的，对教学内容进行研究，并共同开发和制定一些基本的教与学的素材。这些素材构成了校本教材，用于校本课程的实施，也是校本课程内容的有效载体。

校本教材注重学生学习过程的情感引导，引入小制作、游戏活动等有趣的内容，让学生在愉快的氛围中学习；强调学生的实践性，引入适合学生探究的内容，让学生多动手，亲历探究的过程；简化实验，用学生身边能找到的材料来做实验，让学生有更多的机会进行科学活动；引入评价的内容，使课堂教学评价与整个学校学业评价相结合，促进学习和教学。校本教材编写应清晰明了，方便教师和学生使用。

在编写校本教材时，学校首先需要确定教材的知识结构，然后根据知识结构确定教学内容。设计内容需参考大量的国内外科学书籍，确定多个科学活动案例。这些案例内容应以"设计—实验—总结—修正或再设计"的操作步骤进行，以保证内容真正适用于课堂，学生喜欢，教师使用也方便。

编写校本教材是一个系统而复杂的过程，需要遵循一定的步骤和原则。

（一）明确编写目标和定位

在编写校本教材之前，首先要明确教材的目标和定位。这包括确定教材的适用对象、教学目标、教学内容和教学方法等。确保教材符合学校的实际情况，包括学校的资源、环境因素、校方的支持条件、学生的兴趣和接受水平等。

（二）组建编写团队

组建编写组，包括组长、编者、顾问等人员。编写组需要对校内外环境进行分析，统一认识，明确校本课程及校本教材的目标，商定编写校本教材的范围，并拟出提纲。

（三）制定编写计划

编写组应制定详细的编写计划，包括教材的整体结构、章节安排、内容选择等。确保计划合理、可行，并能够按时完成。

（四）筛选和整理资料

根据编写计划，编写组成员需要收集相关资料。这些资料可以来自教科书、参考书、网络资源等。收集到的资料需要进行筛选和整理，确保内容的准确性和适用性。

（五）编写初稿

在资料准备充分的基础上，编写组成员可以开始编写初稿。初稿应按照章节安排，逐一编写各个部分的内容。在编写过程中，要注重理论与实践相结合，通过实例和案例帮助学生理解理论知识，同时通过理论知识指导实践。

（六）审查和修改

初稿完成后，需要对其进行审查和修改。编写组成员可以互相审阅对方的稿件，提出修改意见。同时，也可以邀请校内外专家进行评审，以获取更专业的建议。

（七）定稿和出版

经过多次修改和完善后，校本教材可以定稿。定稿后，通过出版社出版。

在编写过程中，还需要注意以下问题：确保教材内容具有科学性和系统性，符合教学大纲的要求；注重与学生的实际需求相结合，确保教材内容的完整性和准确性；在语言表达上力求简洁明了，方便学生理解和使用。

编写校本教材是一项需要耐心和细心的工作。只有充分考虑学校实际情况和学生需求，才能编写出高质量的校本教材。

【例4-17】

《探索自然奥秘——校本科学教材》简介

一、背景介绍

本校本教材是针对小学生编写的科学教材，旨在通过引导学生探索自然奥秘，培养他们的科学兴趣和实践能力。教材内容结合了学校的教学资源和学生的年龄特点，注重理论与实践相结合，让学生在轻松愉快的氛围中学习科学知识。

二、教材特色

（一）注重实践操作

教材中设置了大量的实验和活动，让学生亲自动手进行操作，通过实践来加深对科学知识的理解。

（二）融入生活元素

教材内容与学生的日常生活紧密结合，通过生活中的例子和现象来引导学生发现科学问题，培养他们的观察能力。

（三）图文并茂

教材中使用了大量的图片和表格，以直观的方式展示科学现象和原理，帮助学生更好地理解和记忆。

三、教材内容

教材共分为若干个单元，每个单元围绕一个主题展开，如"植物的生长""动物的习性""天气的变化"等。每个单元又包含多个小节，每个小节都有相应的知识点和实践活动。

例如，在"植物的生长"单元中，教材首先介绍了植物的基本结构和生长条件，然后通过实验让学生观察不同条件下植物的生长情况，最后总结并解释其中的科学原理。

四、教材使用效果

经过实际使用，本校本教材取得了良好的效果。学生对科学课程的兴趣明显提高，他们积极参与实践活动，主动探索科学问题。同时，学生的实践能力也得到了有效提升，为他们的综合素质发展奠定了坚实的基础。

五、总结

本校本教材案例展示了如何结合学校实际情况和学生需求来编写高质量的校本教材。通过注重实践操作、融入生活元素和使用图文并茂的方式，教材成功激发了学生的科学兴趣，并提升了实践能力，为他们的全面发展提供了有力支持。

第八节　课题中期报告

课题中期报告是科研课题的执行人在科研过程中向科研主管部门汇报课题研究工作进度的情况及阶段性成果的书面材料，向主管部门和协作单位通报信息，以便检查研究进度，安排进一步的研究工作。课题中期报告应汇报课题实施的进度，说明做了什么，以及调整了什么和调整的原因。在这个阶段，课题执行人可以总结前一段研究工作的成绩和经验，并对课题进行调整。

一、填写课题中期报告

课题中期报告是课题研究过程中的一个重要文件，目的是对课题进展情况进行全面汇报，帮助研究者反思并调整研究方向，确保课题能够按计划顺利进行。规范严谨地填写课题中期报告，有助于对研究过程进行阶段性评估，并为后续研究提供依据。

（一）课题研究进展

课题研究进展要求按时间顺序详细说明课题研究的实际进展情况，包括研究活动的具体内容、主要参与者的分工及其工作落实情况。这部分应做到信息清晰，确保研究过程的透明性。

1. 研究进展描述

需要按照课题的不同阶段，详细描述研究工作开展的过程，一般包括准备阶段、实施阶段及相关的实践活动。例如，在准备阶段，研究者需要说明如何进行文献查阅、课题组成员分工、研究方案的制定等工作；而在实施阶段，研究者则需要描述具体的研究方法和实验设计，如何实施问卷调查或课堂实验等。

2. 参与者分工与职责

清晰标注课题组成员的具体分工，并说明各成员的职责和落实情况。例如，谁负责数据收集与整理，谁负责撰写研究报告等。这不仅能够展示团队合作的情况，还能为课题顺利进行提供保障。

（二）课题已取得的中期成果

在中期报告中，研究者需要客观、准确地描述课题组已取得的阶段性成果。成果展示可以包括已完成的研究任务、发表的论文、提交的研究报告、整理的资料、开展的实验等内容，具体内容包括以下方面。

1. 研究内容完成情况

根据课题的预期目标，说明已完成的研究任务，列出相关的工作成果，如问卷调查设计、实验数据的初步分析等。确保每一项成果与课题的研究目标紧密相关。

2. 发表的论文和报告

如果课题中期已发表或提交了相关学术论文、调研报告或其他研究文献，需在此部分详细列出。要标注发表的时间、刊物名称或提交对象，以展示课题的阶段性成果。

3. 典型案例和经验总结

如果课题涉及案例研究，可以在此部分说明已形成的典型案例，并总结这些案例对课题研究的实际贡献。通过这些成果，研究者可以展示研究的创新点和特色。

（三）课题研究中遇到的主要问题

科研工作在执行过程中都可能会遇到某些困难或障碍，因此在课题中期报告中需要详细说明课题研究中所遇到的主要问题。这部分内容至关重要，因为它能够反映出课题实施中的挑战，同时也为后续研究提供改进的依据。

1. 问题描述

明确列出课题研究过程中遇到的实际问题，如样本不足、数据收集困难、研究工具的局限性等，具体说明这些问题是如何影响课题研究的进展。研究者需要在此部分对问题进行客观分析，避免模糊或不清晰的描述。

2. 改进措施

针对所遇到的问题，研究者应提出相应的改进措施，并说明如何进行调整以克服这些困难。改进措施应具有实际可操作性，且应与研究进展相一致。要确保改进措施与问题一一对应，避免空泛的建议。

（四）课题后续研究计划

在课题中期报告中，研究者还需要详细说明接下来的研究计划，确保研究的连贯性和科学性。

1. 后续研究的具体步骤

描述后续课题研究将如何推进，包括计划开展的实验、数据分析或理论探讨。要特别注意时间安排的合理性，确保课题能够在规定的时间内完成。

2. 对现有成果的深化

说明如何在现有阶段性成果的基础上进行深化研究，进一步推动研究的进展。例如，如何通过现有的数据进一步验证假设或扩展研究范围。

（五）研究的可持续性与推广价值

在填写课题中期报告时，还需要反思课题的可持续性，并提出课题未来的推广和应用价值。

1. 可持续性评估

研究者应评估课题在后续研究中的可持续性。例如，研究方案是否具备可持续发展能力，后续研究中是否存在可操作性障碍等。

2. 推广与应用价值

课题研究的意义不只限于学术领域，还应考虑其实际应用价值。在课题中期报告中，研究者可以对课题成果的实际推广和应用前景进行分析，阐述研究成果在教育实践中的具体应用价值，尤其是对教育政策、教学方法的影响。

撰写课题中期报告需要从科学、严谨的角度对课题研究进行阶段性总结与反思。研究者应从研究进展、阶段性成果、遇到的问题与改进措施、后续研究计划等方面进行详细汇报，确保报告内容具有逻辑性和系统性。同时，研究者还应注意报告的客观性，确保所有数据和结论都基于实际研究的结果，为后续的研究和课题结题打下坚实基础。

二、课题中期检查汇报文件及说明

如果是会议检查或现场检查，需要研究者向课题管理者和评审专家做中期检查汇报。这也是中期检查的一个环节。

（一）研究者接到中期报告通知

在课题研究的中期阶段，研究者通常会收到来自科研管理部门或相关机构的中期报告通知。该通知的下发旨在提醒课题负责人和课题组成员按照要求准备并提交中期报告。作为课题研究中的一个重要环节，收到通知后，研究者需要认真对待这一阶段性任务，及时整理并总结已取得的研究成果，反思研究中遇到的问题，并提出后续研究计划。

1. 通知内容的核心要点

（1）时间节点与提交要求。通知中通常会明确写出中期报告的提交期限和提交方式，确保研究者知道具体的时间安排，以避免因时间延误而影响课题的进度。此外，通知中还会列出对中期报告的格式要求，例如报告的结构、篇幅限制、内容重点等。研究者在收到通知后，需根据这些要求合理规划时间，确保能够按时提交规范的报告。

（2）中期报告的评审内容。通知中通常会说明中期报告中需要包含的重点内容，这些内容可能包括以下方面。

第一，课题研究的进展情况。说明课题自启动以来的主要工作、实验或调研的进展情况。

第二，阶段性成果。研究者应详细列出课题组在中期阶段已取得的成果，如发表的论文、调查报告、典型案例等。

第三，遇到的问题与改进措施。中期报告需反映出课题在实施过程中遇到的问题，并详细说明为解决这些问题所采取的改进策略。

第四，后续研究计划。研究者需要在中期报告中明确后续的研究计划，并阐述如何进一步推进课题，确保实现最终的研究目标。

收到通知后，研究者应根据以上评审要求仔细梳理已有的研究资料和进展情况，确保报告内容符合评审标准。

2.研究者应对通知的反应与行动

（1）整合阶段性成果。收到通知后，研究者应迅速组织课题组，整合研究的阶段性成果，确保所有研究数据、文献资料和实验结果都已得到妥善管理。在撰写报告前，研究者还需对研究过程进行一次全面回顾，确保每个研究阶段的进展清晰、有据可查。

（2）问题反思与改进。研究者在收到通知后，还应对课题实施中的问题进行反思，并在中期报告中提出具体的改进措施。通知的下发不仅是对研究进度的监控，也是提醒研究者在课题推进过程中保持灵活性，及时调整研究方法和计划，以确保后续研究的顺利进行。

（3）组织讨论与分工。通知下发后，课题负责人应组织课题组成员进行讨论，明确分工，确保各项任务有序推进。特别是在研究成果的整理和问题反思的环节中，课题组成员应充分讨论、集思广益，以提高报告的科学性和全面性。

收到中期报告通知对研究者而言，不仅是提交报告的提醒，更是一次阶段性自我评估的机会。研究者可以借此机会对课题进行深入反思，总结经验，发现并解决研究中的问题，从而为后续研究奠定坚实的基础。同时，中期报告的撰写与提交也是科研工作规范化管理的重要体现，研究者需要确保报告内容严谨、准确，符合学术文献的科学标准。

【例4-18】

关于开展××市教育科学"×××"规划在研课题的集中评估的通知

各地区××、××学校：

为进一步推动我市地区××和××学校的教育科研工作，发挥教育科研在学校教育教学中的引领作用，力争取得较多的成果，更好地完成下一阶段的课题研究工作。经研究，决定开展××市教育科学"×××"规划在研课题的集中评估。现将有关事项通知如下。

一、范围

地区××、××学校省（市）教育科学规划在研课题。

二、方式

本次采取主持人汇报和过程性材料评估的方法。

三、材料准备

各课题主持人应组织课题组成员对前一阶段课题研究工作进行全面总结，上报以下材料。

1.《××市教育科学规划研究课题中期报告表》。

2.××市教育科学规划课题研究过程性材料。

3.能反映课题研究工作开展情况及研究进展或研究成果的汇报材料。

四、评估结果

中期评估评定分合格、不合格两个等次。不合格课题应于限定期限内整改，如整改后仍不合格将延期结题或不予结题；未参与的视为不合格，将取消结题资格。

五、其他相关事项

个别课题需要变更课题组成员，须填写教育科学规划立项课题成员变更申请，并送交我处备案。

各相关学校应根据文件精神，认真做好课题中期检查工作，并以此为契机，对学校课题进行一次全面的检查、评审，从中发现典型经验，推动教育科研工作的良性发展。

科研处

××××年×月

（二）中期检查汇报注意事项

1. 精心准备汇报内容

一般来说，汇报的内容以中期检查报告为主。为此，要熟悉中期检查汇报的内容。有时中期检查报告的写作者和汇报者不是同一人，这就更需要汇报者熟悉中期检查报告的内容。在正式汇报前，汇报者可以自己先做一下演练。

2. 注意汇报语言的把握

良好的语言表达是汇报需要的。中期检查汇报时，需用清晰、准确的语言，把课题的情况传递给听众；注意语言表达的抑扬顿挫。中期检查课题汇报者，不一定是课题负责人，可以选派表达能力较强的课题组成员来担当此任。良好的口语表达，可以使中期检查汇报更完美。

3. 使用必要的辅助手段

汇报时可以借助必要的辅助手段，如 PPT、照片、视频、实物等，边讲解边演示（或展示），以增加表达的力度。

合格的中期检查汇报基于良好的课题研究和精心准备。只要各方面用心，就能做好课题汇报，通过检查。

课题中期检查的结果，一种是通过，一种是未通过。如果没有通过，可能会限期改进，过一段时间，再次接受检查。即使中期检查通过了，研究者还要针对中期检查中暴露出来的问题、检查组和管理部门所指出的问题进行反思，并在此基础上对研究方案进行适当的调整、修改和完善。

第五章
课题结题阶段

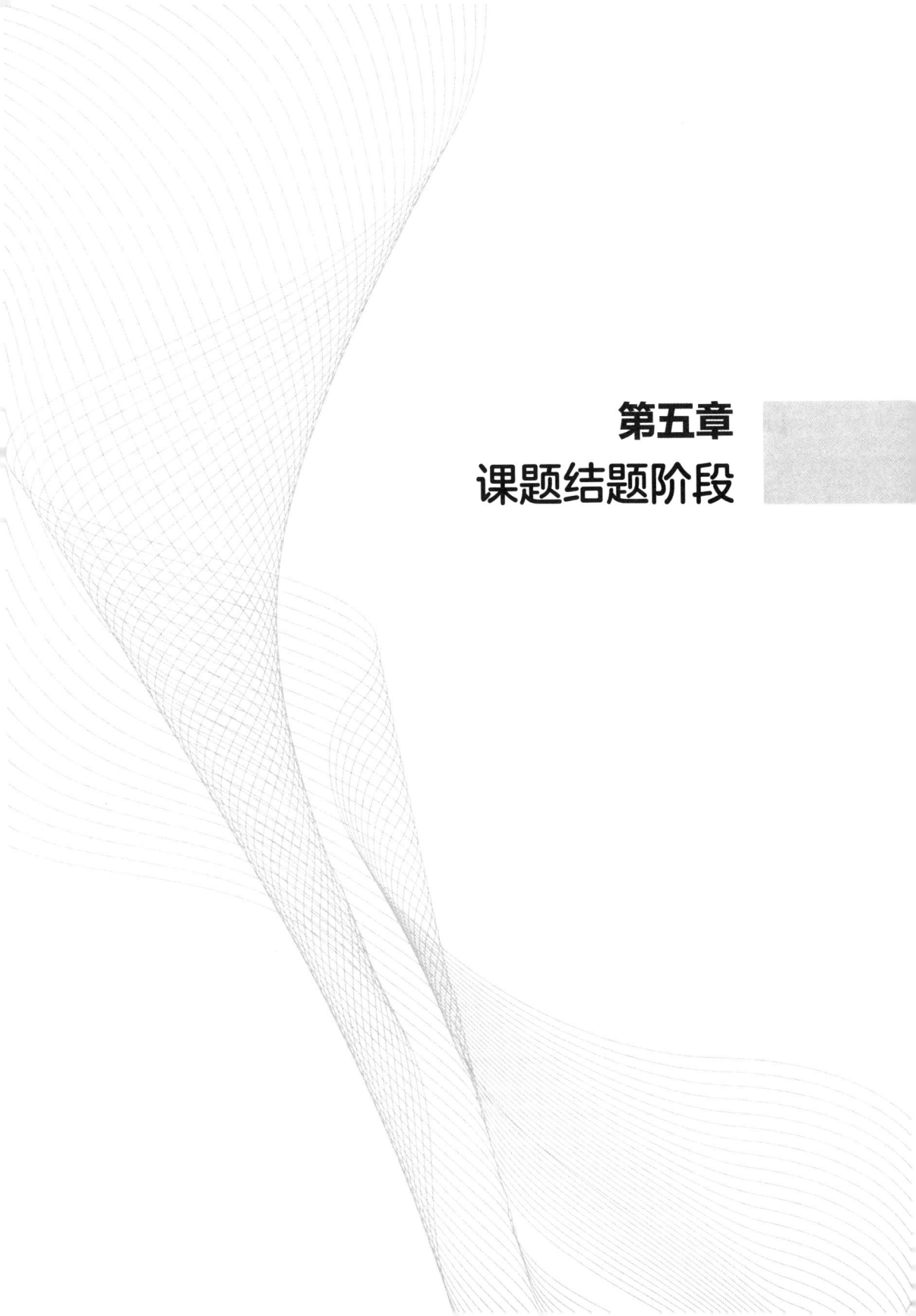

第一节　结题成果

结题成果包括实施方案的总结、发表的论文、培训手册、校本教材、专著、获奖及奖励、课题研究成果的推广记录、网站建设、公众号平台、资源库、人才培养成功案例等。

【例5-1】

结题成果统计表一

阶段性研究成果（重点课题必须填写此项）				
序号	作者	成果形式	成果名称	刊物名称/出版社	发表时间

阶段性研究成果获得奖励情况			
序号	获奖者姓名	奖励名称	获奖时间	颁发部门及颁发文件号

最终研究成果	必含课题研究总报告			
序号	完成时间	最终成果名称	成果形式	负责人

【例 5-2】

结题成果统计表二

主要研究成果内容	级别	姓名	名称	发证单位	时间	等级
教学课例	国					
	省					
	市					
	校					
微课	级别					
教学论文	国					
	省					
	市					
课件	省					
	市					
荣誉证书	省					
	市					
杂志发表	国					
	省					
	市					
典型案例报告						
调 研 报 告						

第二节　课题案例

一、案例内容要求（市科研处下发要求文件）

案例要具有示范性、创新性和推广性，材料内容必须真实准确，陈述客观事实，所述内容及相关数据具备完整性和一致性。

二、案例标题编写规范

主标题点明案例主旨，副标题表明案例地区改革措施或院校实践探索。

例如：《为了孩子的明天全社会"齐步走"——××省严格规范中小学办学行为，减轻学生过重课业负担》。

三、首页注释

案例获取方式（原创、改编、征集或检索），如果是改编的案例，要标明原文出处，征集或检索的需标明提供单位、采编人或出处等。

四、内容提要及关键词

内容提要总结案例内容，不作评论分析，关键词为3~5个。

五、背景情况

主要单位人物、事件等相关背景内容翔实充分，能有效辅助案例分析。

六、主题内容

主题内容介绍地区教育改革的主要举措或院校的实践探索，陈述应客观、不出现评论分析，所述内容及相关数据具备完整性和一致性。大中型案例宜分节，并有节标题。

七、结尾

根据需要，写法有所不同。研究者可以采用以下五种：一是对正文的精辟总结；二是介绍改革措施的主要成效；三是总结改革的主要经验及启示；四是提出决策问题，引发读者思考；五是自然淡出。

八、课题研究案例体例

课题研究案例主要包括案例背景、案例内容、创新之处、取得成效等，应同时提供案例被采用与获奖情况（包括采用或者奖励的单位名称、时间、等级佐证）。

【例5-3】

提升教学有效性的数智教学研究——××省教育教学改革创新研究

摘要：

本案例探讨了提升教学有效性的教学研究，设计并实施一系列教学活动，通过分析这些活动对教学有效性提升的影响，提出了相应的教学策略和建议。

关键词：数智教学；有效性；教学研究

引言：

随着教育改革的不断深入，如何提高教学的有效性成为教育界普遍关注的问题。传统的教学方式往往侧重于理论知识的传授，而忽视了学生实践能力和创新思维的培养。本案例将以教学的视角，探讨如何通过数智教学提升教育教学的有效性，并结合具体案例进行分析。

一、数智教学在教学中的重要性

（一）数智教学的定义与特点

数智教学是一种通过具体情境的描述，引导学生对这些特殊情境进行讨论的教学方法。它强调理论与实践相结合，通过案例分析，使学生在具体情境中理解并掌握理论知识，同时培养学生的分析能力、解决问题能力和团队合作能力。

（二）数智教学在教学中的优势

数智教学可以激发学生的学习兴趣。数智教学通过生动的展示，使枯燥的理论知识变得生动有趣，激发学生的学习兴趣和积极性。

数智教学可以提升学生的实践能力。通过案例分析，学生能够在模拟的情境中运用所学知识，提高解决实际问题的能力。

数智教学可以培养学生的创新思维。在数智教学中，学生需要独立思考、分析问题，并提出解决方案，这有助于培养学生的创新思维和批判性思维。

二、数智教学在教学中的实施策略

（一）案例的选择与准备

案例的选择是数智教学成功的关键。教师应根据教学目标和学生的实际情况，选择具有代表性、典型性和吸引力的案例。同时，教师还需要认真准备案例，包括案例的背景、问题、数据等，以便在课堂上引导学生进行深入讨论。

（二）案例的呈现与讨论

在课堂上，教师可以通过多种方式呈现案例，如文字描述、多媒体展示、角色扮演等。呈现案例后，教师应引导学生对案例进行深入讨论，鼓励学生发表自己的观点和见解。在讨论过程中，教师应注重引导学生运用所学知识进行分析，同时关注学生的讨论情况，及时给予指导和纠正。

（三）案例的总结与反思

讨论结束后，教师应对案例进行总结，指出案例涉及的理论问题和学生存在的优点和缺点。同时，教师还应引导学生对案例进行反思，思考自己在讨论中的不足，以便在今后的学习中加以改进。

三、案例分析：提升教学有效性的实践

（一）案例背景

在传统的教学方式下，某学校学生普遍反映课程内容枯燥、难以理解，学习兴趣不高。为了改变这一现状，该校决定引入数智教学，以提升教学的有效性。

（二）案例实施过程

1. 案例选择

教师根据教学目标和学生的实际情况，选择了"某中学课堂教学改革案例"作为教学案例。该案例详细介绍了某中学如何通过课堂教学改革，激发学生的学习兴趣和提高成绩。

2. 案例呈现

在课堂上，教师首先通过多媒体展示案例的背景、问题和数据，然后引导学生对案例进行初步阅读和理解。接着，教师提出几个关键问题，引导学生进行深入思考。

3. 案例讨论

学生被分成若干小组，每组选出一名组长负责记录讨论内容。在小组讨论中，学生积极发言，提出自己的观点和见解。教师则在小组间巡回指导，及时给予指导和纠正。讨论结束后，各小组推荐代表参与全班交流，分享本组的讨论成果。

4.案例总结与反思

讨论结束后，教师对整个案例进行总结，指出案例涉及的理论问题和学生存在的优点和缺点。同时，教师还引导学生对案例进行反思，思考自己在讨论中的表现和不足。通过反思，学生更加深入地理解了课堂教学改革的重要性和实施方法。

（三）案例效果评估

通过数智教学，该校教学效果得到了显著提升。学生的学习兴趣和积极性明显提高，课堂氛围更加活跃。同时，学生的实践能力和创新思维也得到有效培养。在期末考试中，学生的平均成绩较往年有了显著提高。

四、结论与建议

（一）结论

数智教学作为一种有效的教学方法，在教学中具有广泛的应用前景。通过数智教学，教师可以激发学生的学习兴趣，提高他们的积极性，增强学生的实践能力和创新思维。同时，数智教学还有助于教师更好地把握学生的实际情况，从而调整教学策略和方法。

（二）建议

1.加强案例库建设

学校应加强对案例库的建设和管理，提供丰富多样的案例资源供教师选择和使用。

2.提高教师素质

教师应不断提升自己的理论素质和实践能力，以便更好地运用数智教学方法进行教学。

3.完善评价体系

学校应建立完善的评价体系，对案例教学的教学效果进行客观评估，以便及时调整教学策略和方法。

案例教学在教学中具有重要的作用和意义。通过案例教学，我们可以更好地激发学生的学习兴趣，提高他们的积极性，增强学生的实践能力和创新思维。因此，我们应该积极推广和应用案例教学方法，为培养更多优秀的教育人才做出贡献。

第三节　科研论文写作

科研论文有其规范、标准的固定结构。一般来说，科研论文包括标题、作者及其工作单位、摘要、引言、正文、结论、参考文献和致谢（非强制性）。为了便于读者理解，可以简洁明确地表述科研成果。因为论文发表有流程周期，所以在研究过程中应尽早发表，防止课题研究因为成果不足而延缓结题。

一、标题

科研论文的标题犹如商品的商标，具有简洁、准确的含义，要对读者有一定的吸引力。所以标题的选择和确定，不仅有语言表达上的要求，也需要与论文的主题内容相吻合。标题既要体现准确性也要考虑吸引力，以便引起读者关注。

二、作者及其工作单位

科研论文的署名是作者的基本权利，不仅是记录作者的劳动、标明作品的所属著作权，而且也是文责自负的具体体现，发表论文必须署上作者姓名。署笔名，也是写作中一种常见的现象，特别是在人文艺术领域比较常见，但是在科研论文写作中一般不提倡署笔名，因为这会让人感觉与科研论文的严谨性相悖。

三、摘要

摘要是一篇概括全文主题的独立短文。其主要目的是在二次文献检索时，便于读者了解论文的内容，确定阅读的必要性，在科研论文的传播过程中具有十分重要的作用。研究摘要是在论文完成之后撰写的。

摘要一般包括研究背景、研究目的(有时可忽略)、研究方法和手段、研究结果、结果分析和结论等几个主要部分。摘要写作时的重点是：突出作者研究的创新性结果，主要结果和结论应交代清楚，不能含混不清，似是而非；避免过多叙述一般性内容，最大限度地增加摘要的信息量；注意语言的表达，避免难以理解的长句，应逻辑清晰，层次分明，用词应通俗易懂、简洁准确。摘要写作的目的很简单，就是便于读者理解。摘要一般使用第三人称，用过去时态进行描述。

【例5-4】

摘要：随着××发展，在×××情况下，××备受关注。然而，目前还存在一些××问题，因此，本文为了××，制定了××目标，用××方法，通过××实践，得到了××结论，对于解决××问题有××的价值和意义。

四、引言

通常科学研究成果都是在前人研究的基础之上产生的，或者是根据前人的研究确定命题。每篇科研论文都应该通过引言交代研究的背景及意义、立题的依据、研究的目标和范围，以及研究的思路；有时也可以交代论文的结构。部分内容是摘要的展开描述。

【例5-5】

（背景）随着××发展，在×××情况下，××备受关注。然而，目前还存在一些××问题，面临××的挑战。

（意义）鉴于目前所面临的问题和挑战，本文为了××，通过对××进行研究，为××提供新的视角和策略，进一步推动××的发展，为××做出贡献。

（目标）本研究主要目标是××，用××验证××，让×××更加×××。

（结构）本文结构安排：第一部分阐述研究背景、研究意义和研究目标，明确文本的研究方向与核心问题。第二部分介绍×××相关文献和现状，第三部分介绍研究方法和实践过程，第四部分呈现研究结论，第五部分提出对策和未来的研究方向。

五、正文

正文是一篇科研论文的主体，体现具体的研究过程、方法和手段、结果等全部论证分析过程，体现作者的创新性工作和发现，是论文写作的重点。正文的重点是结构的安排、逻辑关系的处理和严谨的推导论证等。

六、结论

结论就是一篇论文的结束语，是整个研究工作的小结，依据正文中的研究提炼出研究工作所得到的主要结论。针对不同的研究主题和学科方向，写作的方法和内容并不固定，有时也可以对研究结果的限定条件和今后的研究方向进行展望，有时没有得到明确的结论也可以进行必要的讨论。

七、参考文献

科研论文文后参考文献是区别于一般论文或文章的主要形式，其主要的作用是：体现研究的背景，明确研究的基础，提供论证的依据，区分成果的所有者，便于读者检索。

八、致谢

致谢非强制性的，可以有也可以没有。感谢在论文撰写中提供帮助的人，文字要简洁真诚。

【例5-6】

浅谈电子白板在高中数学教学中的应用研究

摘要：

随着科学技术的高速发展，很多新的信息技术出现在我们的视野中，这些高新技术影响着我们的生活，改变着我们教授知识的手段和途径。受到这些新兴信息技术的影响，高中数学课堂教学方式也在经历着更新和改革。紧随多媒体投影教学，电子白板也出现在课堂教学的舞台之中。电子白板在教学中有着显著优势，但也存在着零散化、杂乱化等一些问题。本文主要针对在高中数学课堂中电子白板的应用进行研究，并提出有效的建议。

关键词：电子白板；高中数学；应用

引言：

近年来，借助电子白板这种辅助性教学方式的教学方法逐渐引起了教师的注意，受到了学生的普遍欢迎。电子白板可以将教学资源充分地应用到课堂教学中，能够丰富课堂的教学内容，让课堂变得生动活泼、具有趣味性。但是电子白板应用的时间还不太长，发展也不够完善，因此在教学应用中存在着碎片化、不连贯等弊端。如何做到更好地发挥电子白板在教学上的优势，消除电子白板存在的弊端，更加充分地利用电子白板进行有效的课堂教学，是广大教师在实际教学中普遍面对的问题，这也是本文研究的意义所在。针对这个问题，本人将从高中数学课堂教学的角度分析如何充分有效地利用电子白板进行教学。

一、相关概念

（一）电子白板

电子白板是在欧美国家兴起并高速发展的一种先进的人机交互设备，它可以将投影机集成进去并与电脑进行信息传输。电子白板的屏幕相当于一个可以有无限大空间的大号手写板，使用者可以在屏幕上面进行无尘书写、勾画、标注，并可以随时进行操作将授课内容保存为文件形式存入电脑，方便用户操作。电子白板也可以连接打印机，实时将需要的文件打印出来。电子白板不仅在硬件功能上比较超前，软件功能也在教学中发挥着特有的效用。电子白板以其自身的优越性将长期应用在课堂教学中，并且服务于教学。

（二）电子白板的功能介绍

1. 电子白板具有书写功能

在电子白板教学课堂中不再需要使用粉笔和鼠标，使用电子笔就可以替代鼠标的功能,甚至用手指在屏幕上点击也可以实现单双击、选择、移动等功能。操作电子白板可以随时调出笔形选项在屏幕界面进行批注、书写和勾画。通过软件的设置,可以选择书写字体的形式,书写字体的颜色也可以随意设定。标注的内容如需修改,可以调用电子橡皮擦进行擦除,橡皮擦的大小可以根据需要任意调节。

2. 电子白板具有工具功能

利用快捷工具栏的选项可以实现屏幕内容的放大缩小、启用聚光灯效果、进行遮屏与屏幕捕获和图形编辑等,也可以点击屏幕跳到电脑主界面进行电脑操作,对网页进行访问。电子白板还可以把静态的图片制作成动态的画面,使授课更加生动直观。电子白板也可以对授课内容进行回放,强化重难点的教学。

3. 电子白板具有保存和打印功能

电子白板连接电脑和打印机,可以随时把白板上的内容输入电脑里,进行实时保存、打印。在传统的课堂教师需要不停地书写重点内容,学生需要不停地记录。使用电子白板就可以把教师和学生从大量的书写中解放出来,非常方便。

传统的投影教学是投影仪直接发射光线投到幕布上得到画面进行教学。电子白板不同于传统的投影仪,投影仪是从白板后方进行投影的,在教学中使用者不会挡住光线,可以让师生之间的交流更加顺畅,使教学演示更加完整。

二、电子白板在高中数学教学中的应用研究

高中数学教学的特点是概念多、公式多、书写量大,在传统的课堂教学中,往往书写概念和题目就要浪费很多的时间。交互式电子白板不需要粉笔书写,也不需要受限于用鼠标操作电脑,教师和学生在电子屏幕上使用白板专用笔或者手指就可以实现粉笔和鼠标操作的功能。这样一方面可以节省时间、增强教与学的互动性,另一方面可以节省资源、避免粉笔产生的危害,实现了高效节能、健康环保的教学模式。

高中数学题目往往需要很大篇幅来展现,字数较多,绘制图形也占用了黑板的很大一部分。传统的课堂教学中，教师往往书写出概念、定义、公式后，再进行例题讲解就需要擦掉重难点和概念、公式，紧接着再讲解下一道例题，也要擦去前一道例题。电子白板可以与电脑进行连接，在专门的应用程序支持下，通过对电脑的操作可以随意地调出和隐藏电子白页。当教师需要讲解一道题目的时候，可以调出提前准备好的资源白页，当讲完一道题目的时候可以隐藏不需要的白页，在复习问题的过程中也可以随时再调出需要的白页来。电子白板的软件功能扩大了课堂教学的书写空间。

电子白板可以综合各种教学手段，给教学提供丰富的功能帮助。在课堂教学中需要图片播放的时候可以调出电子白页，在需要勾画和书写时可以调用电子毛笔，在需要音频和视频的时候可以插入音频和视频播放，在需要体现几何图形或者函数图像的时候可以调用出几何画板等软件，在需要进行网络连接时也可以直接从大屏幕上跳转到网页上去。

使用电子白板进行教学也存在着一些问题。传统的黑板教学和课件教学趋近于顺序型教学，往往是根据一条主干进行授课，再将内容添加进去进行教学。而电子白板教学有时比较跳跃，在带给人们方便快捷、灵活多样等优点的同时，也有着碎片化、凌乱化的担忧。因此在基于电子白板教学方式的教学设计中就要加强知识点的逻辑关联，使授课紧凑化，让学生能够找到主干脉络从而学有所得，避免表面花哨、内里松散的失败教学。

三、基于电子白板手段的高中数学教学设计

（一）教学设计

先明确本节课的教学目标、教学重难点和教学内容，整理好需要讲授的概念、公式和例题，整理出课堂小结框架，根据学生的能力分布确定练习题目和课后作业。

（二）综合丰富多彩的多媒体资源制作课件和电子白页

对于高中数学中的公式概念，可以制成电子白页或幻灯片，用不同颜色的字体或者音频动画突出重点难点。调用几何画板绘制几何图形、立体图形

和函数图像，精确地体现图形图像的变化规律，表现图像的由来和图像的特征。也可以加入微动画、微视频，丰富素材的种类，刺激学生思考，课堂因此变得生动有趣，可以最大限度地提高学生学习的积极性，加深学生的理解和记忆。

（三）理清教学顺序，充分备课

熟悉教学步骤，预想教学中可能出现的问题。可以按照课前预习、情境设置、新知探索、课堂练习、巩固新知、课堂小结和课后作业的主脉络进行教学，在教学的过程中可以插入图片、视频与音频、文本等各种文件进行综合性的讲解。总之教师要做到对教学心中有数，对课件和资源心中有数，灵活调用安排。

在实际课堂教学的应用中，教师要在每一节授课结束后对教学进行反思，保留教学中的优点，改正教学过程中的不足，不断地进步。

四、结论与建议

第一，电子白板可以综合电子技术、软件技术、多媒体技术等多种高科技手段进行教学，丰富多媒体功能的同时，优化视听效果，以其生动性、趣味性激发学生的学习兴趣，提高学生的注意力和理解力。电子白板因为其自身独特的优点，将持续地在教学中发挥教学作用。

第二，合理地安排教学内容的顺序和电子白板的操作顺序。做到分清主次、顺序合理，重点难点突出。

第三，备学生、备教案、备课件，做到心中有数、心中有序、熟练操作。教师自身思路清晰，才能够引领学生思路清晰。合理的教学设置可以加强学生对学习内容的理解，提高教学的质量和效率。

参考文献：

[1] 赵团萌.基于电子白板的师范生教育技术能力培养研究［D］.南宁：广西师范学院，2012.

[2] 孟英新.交互式电子白板在数学教学中的应用研究［D］.石家庄：河北师范大学，2012.

【例 5-7】

人工智能背景下个性化教学策略分析——以高中数学为例

摘要：

在科技的快速发展中人工智能被广泛运用于教育领域，但是受到传统观念的影响，部分教师接受新事物的能力偏低，未将人工智能有效融入教学中，不仅降低教学质量，更阻碍学生的个人发展。因此教师要及时转变思想，正确认识人工智能对教育教学的积极作用。本文对人工智能背景下个性化教学的重要性进行分析，以高中数学为例分析教学策略，从而明确未来教学工作开展方向。

关键词： 人工智能；高中数学；个性化教学；教学策略

引言：

随着教育改革的不断深入，教学原则、方法及目标出现了明显的变化。在传统教学模式中常将学生置于同一标准下进行教学规划，忽视个体间的差异性，导致部分学生无法跟上进度，更无法触及更深层次的学习，造成教学资源的无效利用并且出现教学效果难以提升的问题。人工智能技术的应用可以有效解决传统教学存在的问题，为精确收集学生信息、深入分析学情提供有力支持，为个性化教学策略的实施奠定坚实基础。为实现教学策略的进一步优化，教师应积极探索人工智能技术在教育中的应用，精准满足学生的个性化需求，提升学习效率，推动教育领域的可持续发展。

一、人工智能背景下个性化教学的重要性

个性化教学是一种创新的教学模式，核心在于根据每个学生的独特需求量身定制教学计划，提升整体教学效果。教师需要深入了解学生的学习行为，并有效整合现有的教学资源，这对教师提出了更高的要求。随着信息技术的快速发展，尤其是人工智能技术的广泛应用，个性化教学的实施条件已得到极大改善。通过探索和实践个性化教学，不断丰富人工智能在教育中的应用，推动其技术的持续创新和发展。个性化教学的实施有助于推动教育的公平和进步，使教育资源的配置更加精准，以满足不同学生的学习需求，提高教育质量。个性化教学的实施促进教学方式的多样化，打破传统的"一刀切"教学模式，根据每个学生的能力和兴趣设计出更具针对性的教学活动，激发学生的学习潜力，提升其学习动力和自主性。与此同时，人工智能在教育中的应用为个性化教学提供强大工具，通过精准的数据分析可以更准确地了解学生的学习状况，制定出更符合其个体差异的教学策略，实现教学的个性化，从而提高教学效率和质量。个性化教学是教育现代化的重要方向，人工智能技术的不断发展为其实现提供强有力的支持，所以教师应积极探索及应用人工智能，使用更科学、精准的方式培养符合时代需求的多元化人才，与我国教育改革的目标和人才发展战略高度契合。

二、人工智能与数学发展的关系

在当前的人工智能环境中，推动数学教育的个性化进程已经成为未来发展的核心内容之一，需要深入理解人工智能与数学的内在联系，总结历史经验，整合实际数据，可以清晰地看到人工智能与数学的发展之间存在的关联。

（一）数学与数学建模之间的关系

数学建模在当前的理论应用与实证分析领域中展现出极大的价值，在构建数学模型的实践中从简化现实假设到构建理论模型再到求解分析模型，以及对结果进行深思熟虑的论证，充分体现出数学思维的精髓。数学模型的建立是基于数学逻辑和专业学识的基础，在问题简化假设的初始阶段，借助数学的抽象与提炼能力将复杂的问题情境简化为关键要素，以数学的形式进行精确表述。要求教师具备深厚的洞察力，可以准确把握问题的核心，排除非本质的干扰因素。在模型构建阶段利用数学的工具和原理将简化后的假设转化为严谨的数学结构，教师要拥有扎实的数学功底，灵活应用代数、几何、概率等数学理论，构建出可以准确反映问题本质的数学模型。在模型求解阶段借助数学计算和现代技术手段对构建的模型进行求解和运算，从而获取问题的解决方案，这个过程要求教师具备一定的计算技能和编程能力，有效地处理和分析数据得出可靠的结果。在论证环节中运用数学的逻辑推理对求解结果进行严密的分析和讨论，需具备清晰的逻辑思维和表达能力，有力地论证结论并能与同行进行深入的学术交流。

(二)数学建模和人工智能的关系

人工智能效能的优化关键在于运用决策树这一工具，在构建决策树的过程中数学建模的作用至关重要。数学建模的本质是将实际问题转化为精确的数学表述和模型，从而增强对决策树结构的深刻理解，以及对其中的复杂关系进行解析，提高决策的准确度和稳定性。在构建决策树的层面，数学建模可以帮助更精确地定义和处理问题的数学特性，为分析问题提供一种严谨的框架。同时数学建模在算法实现和集成学习策略的开发中提供了坚实的保障。数学建模为算法设计提供了理论基石，有助于创建出更高效、更稳定的算法，从而提升人工智能系统的性能表现。对于集成学习，数学建模则可以深入剖析其内在运作机制，为相关技术的进一步发展和优化提供有力的理论支持。

三、人工智能发展对数学教学的促进作用

(一)优化数学教学环境

人工智能技术在优化数学教学环境方面具有非常积极的作用，从目前高中数学教学整体情况来看，这种优势体现在以下几个方面。

第一，人工智能可以促进教学的精确性和定向性。通过大数据的深度分析运用人工智能技术解析数学题目的演变模式，洞察数学教育的核心要义和未来趋势，从而制定出更为精准的教学策略，满足教学标准和学生的发展需求。

第二，人工智能技术提供的学生学习分析功能可以提升教学的个性化水平，详细记录和分析学生的学习过程，包括解题逻辑、错误反馈和学习时间等，帮助教师准确把握每个学生的学习状态，识别其学习困难，进而制订出针对性的教学计划，实现个性化教学。

第三，人工智能可以革新教学模式，提升教学的互动性，借助智能教学平台设计出包含互动练习、模拟测试和游戏化学习的多元化教学活动，使数学学习更具吸引力。此外，人工智能技术的实时反馈机制能帮助学生及时调整学习方法，提高学习效率。人工智能技术通过优化教学内容、个性化教学策略及创新教学方式，多维度地提升数学教学环境的优化程度，增强教学的科学性和有效性[1]。

(二)激发学生学习兴趣

人工智能技术在教育领域的应用对于激发学生的学习兴趣展现出极高的价值。面对部分学生对数学学习兴趣不高的现象，可以运用人工智能技术进行深入的数据分析，评估不同教学方法对学生学习兴趣的影响，从而构建一个反映学生兴趣偏好的量化指标，帮助教师调整教学策略，使用更适应学生个体差异的教学模式。例如，对于在探索性学习中表现出更高兴趣的学生，可以设计更丰富的实践操作活动。而对于在逻辑思考中表现出优势的学生，可以引入更复杂的推理问题或案例研究。教学方式的转变将使数学学习从单一的任务转变为具有吸引力和挑战性的思维锻炼。所以教师借助人工智能技术进行数学教学，课堂的教育体验更加生动且具有针对性，不仅可以有效提升学生的学习积极性，也有助于培养其对数学的持久兴趣，实现教学效果的显著提升[2]。

四、人工智能背景下的个性化教学策略

(一)立足学生发展，开展个性化教学

对于高中数学教学来说，创新实践中个性化教学与人工智能的深度融合如同一场深刻的教学革命，借助人工智能技术丰富的教学方式，为学生的学习体验带来前所未有的提升[3]。人工智能技术中的深度学习、大数据分析等帮助教师全面追踪和解析学生在数学学习过程中的细节，从对概念的理解程度到解题策略的选择，再到错误模式的识别，构建出可以充分反映学生个性化学习的画像。人工智能技术为每位学生的知识掌握情况构建一个立体的画像，从而使教师在后续教学过程中可以更有针对性地制定教学策略，为每个学生打造一条量身定制的学习路径。

例如，当人工智能技术的智能算法揭示出学生在面对需要深度逻辑推理的问题时显得力不从心，便可以依据这些精准的数据设计出符合学生能力的习题，通过逐步引导和反馈使学生逐步建立对复杂逻辑的深刻理解和运用能力。同时人工智能技术的个性化评估可以敏锐捕捉到在处理细微之处稍显欠缺的学生的学习状况，可以制定出更为精细的训练计划，例如，提供包含丰富细节的写作练习、要求精确度的绘图任务等培养其观察力，提高学生在处理细节时的敏锐度和精确度。通过这种方法不仅可以有效提高学生的学习效果，还能激发其内在的学习动力，使学生在未来的学习和发展中更加自信[4]。个性化教学与人工智能的深度融合在教学资源的多元化和精准化上具有非常积极的作用。人工智能技术凭借其强大的数据分析和智能算法可以根据每个学生的学习进度、理解程度，甚至是学习偏好提供个性化的学习资源推荐，包括详细的解题步骤、生动的互动演示、富有挑战性的练习题，帮助学生更有效地巩固知识，激发学习兴趣，让学习过程变得更加生动、有趣。这种创新的教学模式强调对个体学习能力的培养，而不仅是知识的灌输。

在人工智能技术的引导下，学生可以更为主动地驾驭学习过程，深入探索数学的奥秘，发现隐藏在公式和定理背后的美，从而对数学产生更深的热爱。当学生在面对复杂问题或学习难题时，人工智能技术会提供适时的提示和引导，鼓励其用创新的方式寻找解决方案。这种过程不仅能锻炼学生的思维敏捷性，也能提升其批判性思考和问题解决能力，在未来的生活和工作中为应对各种挑战做好准备[5]。

(二) 收集学生数据，了解学生需求

在21世纪的教育领域，人工智能逐渐成为个性化教学的重要驱动力，为教师提供丰富的工具和资源。人工智能技术以高精度和高效率分析大量学生数据，如学习行为、答题模式和错误频率，生成深度学习分析报告，揭示学生在数学学习中的弱点和困扰，帮助教师更准确地定位学生需要改进的领域。例如，人工智能技术系统可以实时更新、持续追踪学生的在线练习情况，智能识别出学生在特定数学概念上的理解难点，如在解析几何中可能存在的空间想象困难或者在代数运算中可能出现的规则混淆问题。这些信息为教师提供了科学的指导，使其可以在教学过程中结合学生实际情况准确地调整教学策略，提供定制化的学习资源和辅导。此外，人工智能技术可以设计出适应学生学习进度和能力的个性化学习路径，包括互动式视频教程、在线模拟测试或游戏化学习活动。对于需要提升思维灵活性的学生，人工智能技术可以推荐一些开放性问题，激发其创新思维和提高问题解决能力，帮助教师有效地实施个性化教学，使教学过程更加精准和高效[6]。

需要注意的是，尽管人工智能技术在数据处理和资源推荐方面表现出色，但是在个性化教学策略中仍然需要融入人性化和情感化的元素。教师的洞察力、同理心和教育智慧是人工智能技术无法复制的，教师可以理解学生的情感需求、提供情感支持，以及对复杂学习问题进行深层次的解释和引导。所以人工智能与教师的专业知识和教育智慧的深度融合可以创建出更为丰富、多元且个性化的学习环境，有效提升数学教学的质量，保证每个学生都能在适合自己的学习路径上取得进步[7]。

(三)转变评价观念，强化数学教学

在高中数学教育教学中，人工智能技术的融入为数学个性化教学带来革命性的变革。人工智能技术可以以前所未有的精确度和深度分析学生的学习行为，捕捉学生在数学学习过程中的每一个细微变化。例如，人工智能技术系统可以详细记录学生在解决二次函数和空间几何问题时的尝试次数、消耗时间、正确率等数据，帮助教师找到学生的学习模式和难点。通过有效数据的收集可以得到更详尽的学情分析，制定出更为精准的教学策略[8]。例如，当人工智能技术发现学生在某个特定的几何概念上反复出错时，教师可以及时介入提供额外的解释、示例或者相关的练习题，帮助突破这个学习障碍。或者当人工智能技术识别到学生在某个知识点上有了进步，如错误率下降，解题速度提升，会立即生成积极的反馈，增强学生的自我效能感，从而提升学习自信心。同时人工智能技术还可以根据每个学生的学习进度和理解程度，动态调整学习资源和练习题的难度，保证学生始终处于"学习区"，既不会因为过于简单而感到无聊，也不会因为过于困难而感到挫败，可以更好地满足学生的个体差异，激发其学习兴趣从而提高学习动力。人工智能技术的这种个性化支持还可以培养学生的自主学习能力，帮助其学会自我调整，适应不断变化的学习环境。通过与人工智能技术的互动可以逐渐形成自我评估、自我调整的学习习惯，在未来的学习和职业生涯中都大有裨益。

将人工智能技术融入数学个性化教学可以提供更为精准、动态、个性化的教学支持，从而更有效地激发学生的学习潜力，增强自信心，为其数学学习之旅提供更为有力的助推，不仅提升教学效果，也为教育的未来开辟新的可能。

五、未来展望

人工智能技术已广泛渗透到社会的各个领域，对教育领域的影响更为重要，有效推动了教育教学的进步。针对高中数学教学运用人工智能技术来定制个性化的教学方案并进行实时分析，有助于提高学生个性化学习方式、实时反馈学习进度及效果、丰富教学方式，激发学习兴趣，引导学生深度学习。人工智能教学模式可以在减轻教师负担的情况下，提升高中数学学习效率，呈现出更好的教育效果，为学生的全面发展奠定坚实的基础。

参考文献：

[1] 李宁. "互联网+"时代下高中数学教学运用信息技术的思考[J]. 中国新通信，2022,24(23):173-175.

[2] 赵亮，刘美丽. 高中数学与人工智能交叉融合的教学案例研究[J]. 数学通报，2022,61(11):6-8.

[3] 杨武学. 基于知识结构的高中数学智能化诊断系统的建构与应用[J]. 中国新通信，2022,24(12):200-202.

[4] 玄蕾蕾，朱江. 信息化教学与高中数学的理论重构[J]. 中国新通信，2022,24(07):197-199.

[5] 王婧. 新媒体技术在高中数学教学中的应用分析[J]. 数据，2021,(07):185-187.

[6] 冯之涛. "互联网+"背景下的高中数学课堂教学改革探析[J]. 中国新通信，2021,23(02):172-173.

[7] 王雨清，吴立宝，郭衎. 新世纪以来信息技术与高中数学融合的进展与趋势[J]. 天津师范大学学报(基础教育版)，2020,21(03):13-18.

[8] 罗亚萍. 数学抽象素养视角下的高中数学教学新方向分析[J]. 科技资讯，2020,18(17):161-162.

第四节 教学设计

教学设计旨在帮助教师系统地识别教育中的实际问题，并通过科学的方法加以研究和改进。教学设计一般包括教学目标、教学重难点、教学方法、教学过程（导入新课、讲授新课、练习巩固、思维提升、小结、作业）、板书设计、课后反思等。

【例 5-8】

《椭圆及其标准方程》课程教学设计

一、教学内容分析

本节课内容选自高中数学教材中的，椭圆及其标准方程。根据学生的实际情况，将其分为两课时进行教学。本节课为第一课时。椭圆及其标准方程是继学习圆以后运用"曲线与方程"思想解决二次曲线问题的又一实例，从知识上讲，本节课是对坐标法研究几何问题的又一次实际运用，同时也是进一步研究椭圆几何性质的基础；从方法上讲，它为进一步研究双曲线、抛物线提供了基本模式和理论基础，因此本节课起到了承上启下的作用。

二、教学内容分析

（一）知识与技能目标

准确理解椭圆的定义，掌握椭圆的标准方程及其推导。

（二）过程与方法目标

通过引导学生亲自动手尝试画图、发现椭圆的形成过程进而归纳出椭圆的定义，培养学生观察、辨析、探索、归纳问题的能力。

（三）情感态度与价值观目标

通过椭圆方程的化简过程，增强学生战胜困难的意志品质并体会教学的简洁美、对称美，激发学生学习数学的积极性，培养学生的创新意识。

三、学习者特征分析

在学习本节课前，学生已经学习了直线与圆的方程、对曲线和方程有了一些了解和运用的经验，对坐标法研究几何问题也有了初步的认识，因此，学生已经具备探究有关点的轨迹问题的知识基础和学习能力。但由于学生学习解析几何时间还不长、学习程度也较浅，并且还受到高二这一年龄段学习心理和认知结构的影响，在学习过程中难免会遇到困难，例如，由于学生对运用坐标法解决几何问题掌握还不够彻底，因此从研究圆到椭圆，学生思维上会存在障碍。

本节课之前，先对圆的标准方程进行简单的基础测试。探查学生的掌握程度，从而对学生进行分析。依据高二学生探索能力已经基本形成好奇心强的特征，设计一个动手实验，充分调动他们学习的兴趣和积极性。

四、教学策略选择与设计

第一，为了更好地培养学生自主学习能力，提高学生的综合素质，主要采用探究式教学方法。一方面通过情景设置发挥主导作用，另一方面学生通过观察、思考、对自制教具的动手操作，然后进行讨论、归纳抽象、总结规律，充分体现其主体地位。用亲切的语言鼓励学生发现问题、讨论问题和解决问题，鼓励学生用自己的语言进行归纳，让学生在课堂中能更多地体验成功的乐趣。

第二，使用多媒体与自制教具相结合进行辅助教学。

五、教学资源与工具设计

教学资源：教材、教案、参考书、多媒体教室。

教学工具：铅笔、鞋带、A4硬纸板。

六、教学过程

教学重点：椭圆定义和椭圆标准方程的两种形式。

教学难点：椭圆标准方程的推导。

为了更好地突出重点、突破难点，设计了几个循序渐进的过程。

（一）导入阶段：设置情境、问题诱导

举例观察生活中的实例，是否发现它们有着一样的几何图形？（电脑演示）学生观察并回答。

设计意图：由于实际的结果与学生已有的认知产生了冲突，从而激发了学生的兴趣。

然后顺势进行复习提问：圆的定义是什么？圆的标准方程是什么形式？

学生回答后，再提出问题诱导学生思考：椭圆是怎么画出来的？椭圆的定义是什么？椭圆的标准方程又是什么形式？学生归纳并思考，激发学生强烈的求知欲望。

（二）学习阶段：探索研究、掌握新知

用多媒体演示画椭圆，同时请学生拿出事先准备好的自制教具：纸板、鞋带、铅笔，一起画椭圆。

（1）在作图时，思考大屏幕播放的问题：视笔尖为动点，图纸上的孔为定点，动点到两定点距离之和符合什么条件？轨迹如何？

（2）改变绳长，使之与两孔距离相等，画出的图形还是椭圆吗？

（3）绳长能小于两孔之间的距离吗？

这样，学生边作图、边思考、边讨论，每组学生都可对上述三个问题进行研究比较，教师在投影仪上展示学生画出的不同图形，然后参与学生的讨论，引导学生全员参与，积极发言，相互补充，从而探究出三个结论并归纳出椭圆的定义。

$|PF_1|+|PF_2|>|F_1F_2|$　椭圆

$|PF_1|+|PF_2|=|F_1F_2|$　线段

$|PF_1|+|PF_2|<|F_1F_2|$　不存在

椭圆的定义：平面内与两定点 F_1、F_2 的距离之和等于常数 $2a$（大于 $|F_1F_2|$）的点的轨迹。

接着学生思考两个问题：

（1）求曲线方程的一般步骤是什么？

（2）参照学过的圆的标准方程的求法，尝试推导椭圆的标准方程。

一般步骤：建系、设点、列式、化简。

对于学生的意见，要给予充分肯定，并鼓励他们按照不同的建系方案进行推导。为了突破难点，在学生推导过程中进行思维点拨。不同建系方案得到的方程都叫椭圆的标准方程。

$$\frac{x^2}{a^2}+\frac{y^2}{b^2}=1 \text{ 和 } \frac{y^2}{a^2}+\frac{x^2}{b^2}=1(a>b>0)$$

$$\sqrt{(x+c)^2+y^2}+\sqrt{(x-c)^2+y^2}=2a$$

$$\Rightarrow (x+c)^2+y^2=4a^2-4a\sqrt{(x-c)^2+y^2}+(x-c)^2+y^2$$

$$\Rightarrow a^2-cx=a\sqrt{(x-c)^2+y^2}$$

$$\Rightarrow (a^2-c^2)x^2+a^2y^2=a^2(a^2-c^2)$$

设 $a^2-c^2=b^2(b>0)$

得 $\frac{x^2}{a^2}+\frac{y^2}{a^2-c^2}=1(a>c>0)$

即：$\frac{x^2}{a^2}+\frac{y^2}{b^2}=1(a>b>0)$

(三) 应用阶段：例题解析、随堂练习

两个例题，第一个例题师生共同完成，第二个例题参照例一模式，让学生自己解决。例题围绕椭圆定义及其标准方程这两个重要知识点设计选题，使学生能够根据定义和所给条件写出椭圆的标准方程。

例 1 求适合下列条件的椭圆的标准方程。

（1）两个焦点的坐标分别是（-4，0）、（4，0），椭圆上一点到两焦点距离的和等于 10。

（2）两个焦点的坐标分别是（0，-2）、（0，2），并且椭圆经过点 $\left(-\frac{3}{2},\frac{5}{2}\right)$ 。

再进行多组变式练习，采取学生思考，分组交流的方式。通过变式练习使学生能够灵活地运用知识，提高解决问题的能力。变式练习采用的次数还要根据学生具体情况予以取舍。

例 2 （略）

(四) 小结阶段：反思总结、提高素质

思考这样几个问题：椭圆的定义、椭圆的两种标准方程，以及标准方程的求法。

根据教学过程流程图可知，教学流程包括播放图片、设置情境、问题诱导，学生思考、讨论回答，再次提出问题、探索新知，动手操作并思考（或引导讨论和思考），解决问题，引导探索椭圆标准方程，例题示范，巩固练习、随堂练习，归纳总结、反馈教学，布置作业，结束。采用学生积极发言，并进行课堂小测验，以及填写表格的形式对本节内容进行反思、归纳、总结，从而达到深化知识理解，构建知识网络，领悟思想方法的目的。

（五）布置作业

课后完成焦点在 y 轴时的标准方程的推导过程。

```
                    ┌─────┐
                    │ 开始 │
                    └──┬──┘
                       ▼
          ┌──────────────────────────┐
          │ 播放图片、设置情境、问题诱导 │
          └──────────┬───────────────┘
                     ▼
          ┌──────────────────┐
          │ 学生思考、讨论回答 │
          └─────────┬────────┘
                    ▼
          ┌──────────────────────┐
          │ 再次提出问题、探索新知 │
          └─────┬──────────┬─────┘
                ▼          ▼
       ┌──────────────┐ ┌──────────────┐
       │ 动手操作并思考 │ │ 引导讨论和思考 │
       └───────┬──────┘ └──────┬───────┘
               └───────┬───────┘
                       ▼
                  ┌────────┐
                  │ 解决问题 │
                  └────┬───┘
                       ▼
          ┌──────────────────────┐
          │ 引导探索椭圆标准方程   │
          └──────────┬───────────┘
                     ▼
                 ┌────────┐
                 │ 例题示范 │
                 └────┬───┘
                      ▼
          ┌──────────────────┐
          │ 巩固练习、随堂练习 │
          └─────────┬────────┘
                    ▼
          ┌──────────────────┐
          │ 归纳总结、反馈教学 │
          └─────────┬────────┘
                    ▼
                ┌────────┐
                │ 布置作业 │
                └────┬───┘
                     ▼
                 ┌─────┐
                 │ 结束 │
                 └─────┘
```

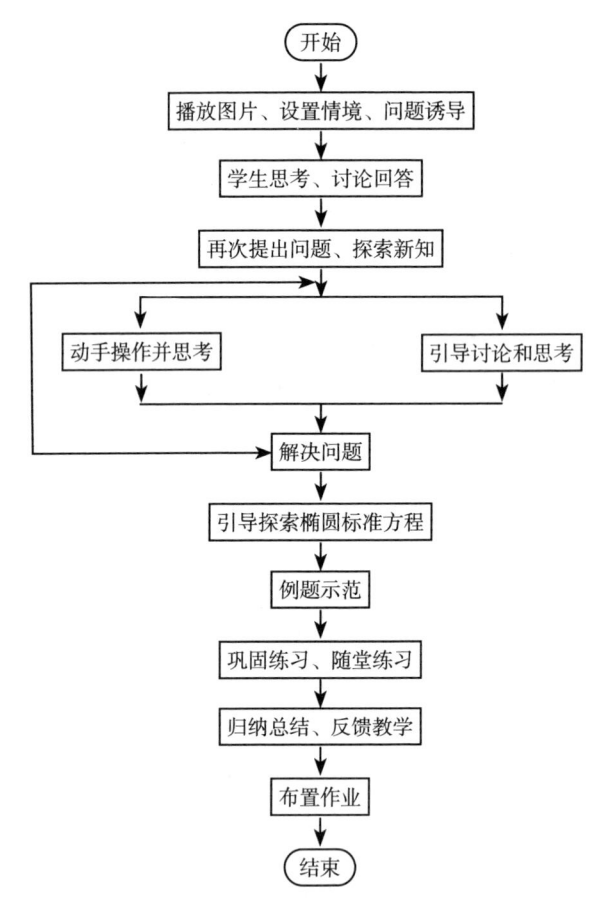

教学过程流程图

七、教学评价设计

学生课堂表现评价量表

项目	一级（20分）	二级（15分）	三级（10分）	个人评价	教师评价
认真积极	上课认真听讲，参与讨论态度认真，作业认真，积极参与讨论与交流，积极举手发言，大量阅读课外读物	上课能认真听讲，有参与讨论与交流，作业按时完成，能举手发言，会阅读课外读物	上课无心听讲，极少参与讨论与交流，经常欠交作业，很少举手发言，从不阅读课外读物		
自信	大胆提出和别人不同的问题，大胆尝试并表达自己的想法	会提出自己的不同看法，并做出尝试	不敢提出和别人不同的问题，不敢尝试和表达自己的想法		
善于与人合作	善于与人合作，虚心听取别人的意见	能与人合作，能接受别人的意见	缺乏与人合作的精神，难以听取别人的意见		
思维的条理性	能有条理表达自己的意见，解决问题的过程清楚，做事有计划	能表达自己的意见，有解决问题的能力，但条理性差些	不能准确表达自己的意见，做事缺乏计划性、条理性，不能独立解决问题		
思维的创造性	具有创造性思维，能用不同的方法解决问题，独立思考	能用老师提供的方法解决问题，有一定的思考能力和创造性	思考能力差，缺乏创造性，不能独立解决问题		

注：1. 本评价表针对学生课堂表现情况作评价。

2. 本评价分为定性评价部分和定量评价部分。

3. 定量评价部分总分为100分，最后取值为教师评价和个人评价分数按比例取均值。

4. 定性评价部分分为"我这样评价自己"和"教师评价"，都是针对被评者作概括性描述和建议，以帮助被评学生改进与提高。

学生课后调查表

姓名 ＿＿＿＿＿＿＿ 性别 ＿＿＿＿＿ 班级 ＿＿＿＿＿＿

请根据今天这节课的情况，回答以下问题。

1. 我在课堂讨论中发表了自己的意见。

①同意　　②不知道　　③不同意

2. 我认真听取其他同学的回答，能找出同学回答的优点和缺点。

①同意　　②不知道　　③不同意

3. 我在老师和同学的帮助下学到了知识。

①同意　　②不知道　　③不同意

4. 我发表的意见被接受。

①同意　　②不知道　　③不同意

5. 我在解决数学问题时懂得求助。

①同意　　②不知道　　③不同意

6. 我会选择合作伙伴共同完成学习任务。

①同意　　②不知道　　③不同意

7. 遇到数学问题，我会选择不同的方法解决。

①同意　　②不知道　　③不同意

8. 我已经学会今天课堂的内容。

①同意　　②不知道　　③不同意

9. 我会应用今天学的数学知识解决生活中的许多问题。

①同意　　②不知道　　③不同意

10. 今天在网络教室上数学课，我的兴趣很高。

①同意　　②不知道　　③不同意

11. 在网络教室上课，我容易走神，不听老师讲，做小动作。

①同意　　②不知道　　③不同意

12. 我喜欢在网络教室上数学课，希望老师经常让我们上这样的课。

①同意　　②不知道　　③不同意

八、反思和总结

本节课通过多媒体辅助教学，指导学生自己动手制作和使用教具，引导学生发现问题、讨论问题、解决问题，并对他们的想法给予肯定。对不同层次的同学加以不同程度的帮助提示，引导学生自发解决问题，真正地实现了教与学相结合的教育思想理念。让他们在动手中培养兴趣，在成功中增加信心。在学习结束后，配合一套有针对性的分级检测题，让学生巩固和强化已学知识。

综合运用各种教学手段，将多媒体技术和数学教学相结合，可以激发学生的求知欲、突出训练重点、突破教学难点、有效缩短学生的认知时间，可以更好地发挥教师的主导作用和学生的主体作用，对提高课堂教学质量和教学效率起到了十分重要的作用。

第五节　研究心得与研究反思

在研究过程中，研究心得和研究反思各自发挥着独特的作用，二者之间有着明显的区别。研究心得的核心是"我"，它关注研究者在研究中的个人成长与收获，着重于个人在研究过程中获得的知识提升、技能进步和内心的感悟。相较之下，研究反思的关注点在于"研究"本身，研究者通过反思对整个研究过程进行系统的分析与评估，着重于研究设计、数据收集与分析方法、研究过程的科学性和对结果的优缺点进行审视。

二者的目的也有所不同。研究心得旨在帮助研究者总结个人的经验和感受，以此提升自身的专业能力和研究素养；研究反思则致力于发现研究过程中的问题与不足，从而提出改进建议，提升研究的科学性和严谨性。在内容上，研究心得往往包括研究者的主观感受、知识增长、技能提升等方面的总结，而研究反思更侧重于对研究设计合理性、数据分析方法适用性、研究结果局限性等方面的深入思考。

尽管研究心得和研究反思侧重点不同，但二者相辅相成，都是研究者提升研究水平和改进研究质量的重要手段。研究心得能帮助研究者在实践中获得个人成长，而研究反思则为研究方法的优化提供了方向，二者共同促进了研究者的专业进步与研究质量的提升。

一、研究心得

研究心得主要指的是在研究过程中，研究者所获得的个人感受、体会和领悟。研究心得可以简单介绍课题研究的背景、目的、研究过程和研究成果等，让读者对研究有一个整体的了解；还可分享研究过程中的各种体验和感悟，分享对研究结果的认识和思考，总结研究的收获，以及对实际工作的启示。

研究心得通常包含以下几个方面。

第一，个人感受。研究者在研究过程中可能产生的各种情感体验，如兴奋、困惑、挑战与突破等。

第二，知识增长。通过研究，研究者对某一领域或问题的认识和理解得到深化。

第三，技能提升。在研究过程中，研究者可能掌握了新的研究方法、数据分析技术或项目管理能力等。

第四，成果总结。对研究成果的总结和评价，研究者如何将研究成果应用到工作中去等。

【例5-9】

研究心得

课题申报成功那一刻的激动心情与决心、想要好好进行课题研究的满满斗志，我至今记忆犹新！回顾课题研究之路，我感觉既充实又有收获。在课题研究过程中，我动力十足且享受其中，努力并快乐地参与全过程，收获了研究的成果，磨砺了性格，得到了自我的成长。在课题研究中，我最大的收获就是在研究中发现了问题，在问题中学会了方法，在实践中解决了问题。我想谈谈对本次课题研究的心得体会。

一、研究简述

本次课题的研究计划是通过调查本校教师计算机操作能力的现状和具体培训需求，对本校教师信息技术能力现状进行分析，将学校教师按照年龄、学科、计算机操作能力进行分类，制定具体培训方案，编写阶梯式校本教材，让不同水平的教师都能够进行有效的信息技术培训，全面提高我校教师信息技术水平，达到了基本的教学要求。

二、知识收获

在这个过程中，我收获很大。我通过课题组的研讨学习，学会了调查问卷的设计及分析方法，学会了调查问卷 App 的使用。在校教研骨干的指导下，参与了信息技术培训及校本教材的编写，学会了很多信息技术知识和写作技巧。在对全校教师进行分层培训的过程中，我按照课题组的研究计划及调查结果将本校教师分学年、分学科、分年龄、分能力进行小组划分，建立微信指导群，在这个过程中我学会了沟通方法与策划方法。在信息技术培训学习中，我学会了微课的制作和使用，同时将先进信息技术引入自己的教学中，获得了市优秀课例，在完成课题组任务的同时也改进了自己的教学方法。

三、研究技能

（一）明确研究目标，找准研究方向

在研究过程中，我了解了课题研究的思路和方法，深知明确研究目标的重要性。只有明确了研究目标，才能有针对性地收集资料、设计实验，并最终得出有价值的结论。因此，在选题时，我注重从实际教学问题出发，选择具有实用性和创新性的课题。同时，我也注重与组内成员交流，了解他们的研究动态，以便更好地找准研究方向。

（二）注重团队协作，发挥集体智慧

课题研究不是一个人的战斗，而是一个团队的合作。在课题研究过程中，我注重与团队成员的沟通与协作。我们共同讨论研究方案、分享研究资源、解决研究难题。通过团队协作，我不仅学到了更多的知识和技能，还感受到了集体的智慧和力量。

（三）深入实践探索，注重反思总结

课题研究需要深入实践探索，只有通过实践才能检验理论的正确性。在课题研究过程中，我注重将理论与实践相结合，学会了数据分析技术和课题管理方法等技能。我通过教学设计、课堂观察、调查反馈等方式收集数据，并对数据进行深入分析和反思。通过实践探索，我不仅验证了自己的假设，还发现了新的问题和研究方向。同时，我也注重反思总结，将研究过程中的经验和教训记录下来，以便更好地指导未来的教学实践。

（四）随时文件标注，养成良好习惯

在课题研究过程中，经历过课题结题阶段的锻炼，我养成了良好的研究思维和研究习惯。比如资料的整理方面，我深知如果不对文件名称进行详细标注，那么在几十个文件夹中找到自己想要的那一份文件犹如大海捞针。在整理报告的过程中，我学会了目录的自动生成，养成了随时进行文档保存的习惯。在上交文件的过程中，我养成了认真分析文件要求的习惯，逐条完成每一项内容，预留时间保证按时上报。课题研究带给我的不只是一纸证书，更是良好习惯的培养和工作能力的提升。

（五）关注学生需求，激发学生兴趣

课题研究的最终目的是更好地服务学生。在课题研究过程中，我始终关注学生的需求和兴趣。我通过调查问卷、个别访谈等方式了解学生的学习情况和需求，并根据学生的反馈调整研究方案和教学策略。同时，我也注重激发学生的学习兴趣，通过设计有趣的教学活动和实验，让学生在轻松愉快的氛围中学习新知识。

四、持续学习提升，保持研究热情

课题研究给全校教师带来了计算机能力的提升，在培训结束的全国一师一优课活动中，我校教师取得了优异的成绩，获得国家奖项两例，省级奖项十余例，市级优课若干。这次课题研究也改变了我校教师的授课习惯和教学方式，对学生产生了有益的影响。学校有了组织相应教师进行学习培训的经验，形成了校本培训资料，丰富了教师培训方式和手段，增加了教师的学习交流途径，课题组完成了初步的研究计划。

参与课题研究是我职业生涯中的宝贵经历，我不仅提升了自己的专业素养和教学能力，还学会了如何更好地与学生互动和激发他们的学习兴趣。课题研究是一个不断学习和提升的过程，我深感自己还有很多不足之处，将继续保持对研究的热情和好奇心，学习新知识、新技能和新方法，不断探索新的研究领域和方向，以更加积极的态度参与到教科研工作中去，坚持用课题思维解决教学问题，勤思考、常实践、细调查、多总结，为学生的成长和发展贡献更多的力量。

二、研究反思

研究反思是对研究过程和结果进行的深入思考和评估。它要求研究者以批判性的眼光审视自己的研究工作，发现其中的不足和问题，并提出改进的建议，有助于提高研究质量和深化研究认识。研究反思包括以下几方面内容。

（一）引言

简单介绍课题研究的背景、目的、研究过程和研究成果等，让读者对研究有一个整体的了解。

（二）研究问题反思

反思研究问题的选择和研究深度是否合理，是否还有进一步探讨的空间。研究者可以提出新问题的方向和建议，深化对研究问题的认识。

（三）研究过程反思

对整个研究过程进行回顾，反思研究过程中的各种决策和操作是否合理、有效，包括研究设计、研究假设、研究方法、数据收集、数据分析等。研究者可以分析这些决策和操作的科学性和适用性、局限性，提出改进意见和建议。

（四）研究结果反思

反思研究结果的实际意义和价值，包括研究结果的可靠性、有效性、局限性等。研究者可以分析研究结果的优点和缺点。

（五）研究结论反思

总结研究的收获和不足，提出改进意见和建议。研究者可以讨论研究结论的实际意义和价值，以及对实际工作的启示。

（六）建议与展望

这一部分主要提出对今后研究的建议与展望，包括方法改进、问题拓展、跨学科研究等方面；同时，也可以提出对实际工作的建议，让研究更具实际意义。

【例5-10】

研究反思

引言：

随着社会的不断发展和进步，教育环境对于学生的成长具有越来越重要的影响。初中阶段作为学生人生观、价值观形成的关键时期，德育教育的重要性不言而喻。然而，在现实中，一些初中学校对于德育教育的重视程度不够，导致德育教育的效果不尽如人意。因此，本实践课题旨在通过研究环境建设对初中德育教育的影响，为初中德育教育提供新的思路和方法，促进学生的全面发展。

本研究主要从两个方面展开：一是调查分析当前初中德育教育的现状及存在的问题，探究其背后的原因；二是通过实践探索环境建设对初中德育教育的影响，包括校园环境、班级环境、家庭环境和社会环境等方面，提出相应的优化策略。

一、研究方法反思

本研究采用问卷调查、访谈、案例分析等多种方法进行调查研究。具体而言，本研究先通过问卷调查了解当前初中德育教育的现状及存在的问题；然后通过访谈和案例分析深入探讨环境建设对初中德育教育的影响。同时，本研究还将采用文献资料法，对国内外相关研究成果进行梳理和总结，为研究提供理论支撑。

二、实践反思

在实践探索中，学校缺乏有效的德育课程，存在教师德育意识不强等问题。针对这些问题，本研究采取了以下措施。

（一）优化校园环境

为了营造良好的校园文化氛围，组织师生共同参与校园文化建设，如设立文化墙、悬挂标语等。同时，加强校园绿化和卫生管理，为学生创造一个干净、整洁的学习环境。此外，我校还注重校园自然景观的建设，让学生在优美的环境中陶冶情操。

（二）强化班级管理

班级是学生学习和生活的重要场所，因此学校重点加强了班级管理。首先，制定班级规章制度，规范学生的行为；其次，加强班级文化建设，设立班级图书角、文化墙等；最后，定期开展班会活动，增进师生之间的交流与沟通。同时，学校还注重班级管理的民主化，鼓励学生参与班级管理，提高其自我约束能力。

（三）开展家庭教育指导

家庭是学生的第一课堂，因此我们注重开展家庭教育指导。通过家长会、家访等形式，我们向家长宣传德育教育的重要性，引导家长关注孩子的成长，积极参与孩子的德育教育。同时，学校还为家长提供德育教育的方法和技巧，帮助家长更好地引导孩子树立正确的价值观和人生观。

（四）加强社会实践教育

社会实践教育是德育教育的重要环节，因此学校注重加强社会实践教育。组织学生参加志愿服务、社会调查等活动，让学生在实践中感受社会责任感和公民意识。同时，学校还鼓励学生参与社区活动，增进学生与社会的联系，提高其社会适应能力。

经过一段时间的实践探索，课题组发现这些措施对于提高学校德育教育水平起到了积极的作用，学生道德素质得到提高。学生更加注重文明礼貌、尊重师长、团结友爱等，校园氛围变得更加和谐融洽。同时，学生的自我约束能力也得到了加强，能够更好地遵守规章制度，积极参与班级管理和社会实践。

三、研究结论反思

通过本实践课题的探索，可以得出以下结论：环境建设对初中德育教育具有重要影响。优化校园环境、强化班级管理、开展家庭教育指导及加强社会实践教育等可以有效地提高德育教育的效果。

具体而言，良好的校园环境和班级管理能够为学生提供更加积极向上的成长氛围。研究中组织的校园绿化活动，让学生参与其中感受到劳动乐趣的同时，能够加强班级管理、规范学生的行为、培养其自我约束能力，这些措施都有效地提升了学生的道德素质，培养了其良好的行为习惯。

家庭教育指导和社会实践教育也能够增强家长和社会对于德育教育的重视和支持，形成德育教育的合力。例如，我们邀请了优秀家长代表到学校进行演讲，分享他们的家庭教育经验和心得；组织学生参加志愿服务活动，培养其社会责任感和公民意识。这些活动得到了家长和社会各界的大力支持，进一步提升了德育教育的效果。

四、课题研究展望

在社会实践教育方面，我们还将继续采取以下具体措施。

（一）志愿服务活动

组织学生参加各类志愿服务活动，如社区服务、环保活动、关爱弱势群体等。这些活动旨在培养学生的社会责任感和公民意识。例如，与当地的养老院合作，组织学生定期探访老人，为他们提供陪伴和帮助。通过与老人的交流，学生将学会关心和尊重长辈，培养其尊老爱幼的美德。

（二）社会调查活动

为让学生更好地了解社会现象和问题，组织学生进行社会调查活动。学生可以自主选择感兴趣的调查主题，通过实地调查、访谈等方式收集数据，并进行分析和总结。例如，对城市交通问题进行了调查，通过收集数据和分析问题原因，提出自己的解决方案。通过调查活动不仅可以提高学生的观察力和分析能力，还能培养其解决问题的能力。

（三）职业体验活动

为了帮助学生了解职业规划和未来发展方向，可以组织学生进行职业体验活动。学生可以亲自到企业进行参观，了解不同职业的工作内容和要求。例如，与当地企业合作，组织学生参观其生产线和工作环境，了解企业的运作流程和员工的职业发展情况。让学生对自己的未来规划有更清晰的认识和思考。

（四）社区服务项目

与当地社区合作开展服务项目，如"爱心书包"捐赠活动、社区绿化行动等。通过这些项目，学生不仅能够为社区做出贡献，还能够提升自己的社会责任感和集体荣誉感。例如，通过"爱心书包"捐赠活动，学生可以将自己闲置的学习用品整理出来，捐赠给贫困地区的孩子。这个活动不仅能让学生体验到分享的快乐，还能让他们明白自己的幸福生活来之不易，要珍惜并学会关爱他人。

社会实践教育是德育教育的重要组成部分，通过志愿服务、社会调查和职业体验等活动，学生能够更好地了解社会现象和问题，培养其社会责任感和公民意识。同时，这些活动还能够帮助学生规划自己的未来发展方向，提高其就业竞争力。在未来的德育教育中，我们将继续加强社会实践教育方面的探索和实践，为学生提供更多元化、更具有实际意义的教育资源和机会。

第六节　课题研究成果推广方式

课题研究成果的推广是确保研究价值得以最大化利用的关键步骤。以下是几种有效推广课题研究成果的方式。

一、学术发表

将研究成果撰写成学术论文，投稿至相关领域的学术期刊。通过同行评审，确保研究成果的学术价值，并扩大其在学术界的影响力。

二、社交媒体与网络平台

利用社交媒体和网络平台（如微博、知乎、学术网站等）发布研究成果摘要、报告或相关文章。这种方式可以迅速传播信息，吸引更多人的关注。

三、举办学术会议与研讨会

组织或参与相关领域的学术会议与研讨会，分享研究成果，与同行进行深入交流。这有助于建立学术合作关系，并扩大研究成果的影响力。

四、建立合作关系

与院校、教育机构建立合作关系，共同推广研究成果。通过资源共享、项目合作等方式，实现研究成果的实际应用和推广。

五、成果展示与宣传

制作成果展示材料（如海报、视频等），在相关场合进行展示和宣传。这有助于吸引更多人的关注，并促进成果的推广和应用。

六、开展培训与教育活动

针对相关领域的从业人员和学生，开展培训和教育活动，传授研究成果的核心内容和应用方法。这有助于培养更多的人才，推动研究成果的广泛应用。

在推广过程中应注意确保研究成果的真实性和可靠性，避免夸大或虚假宣传。根据目标受众的特点和需求，制定合适的推广策略。持续关注推广效果，根据实际情况调整推广策略。课题研究成果的推广需要综合运用多种手段和方法，确保研究成果得到充分利用和广泛传播。

第七节　撰写结题报告

结题报告是对某一特定课题的研究过程与成果进行总结的书面报告，其核心在于清晰呈现课题研究的全过程及成果。结题报告没有固定的写作方式，但需明确以下问题：做了什么事情，是谁完成的，为什么要进行该研究，如何开展研究，研究成果如何，得出的结论和对策是什么，并附上参考文献。

结题报告的篇幅通常为1万~2万字，要求在报告中清晰描述研究过程，并重点突出研究结论的获取过程及其依据。

一、写作要求

第一，结题报告的内容必须基于真实的研究过程，所有信息应准确无误，确保数据和分析结果的可靠性。

第二，结题报告需体现研究的创新性，提出新的观点、理论或方法，或对现有问题提供新的解决方案。创新性是衡量结题报告质量的重要标准之一，也是体现课题研究价值的关键。

第三，结题报告需全面、客观地描述研究结果，避免主观臆断或片面性。在分析和讨论中，应综合考虑各种因素，避免仅强调对研究有利的方面，而忽略或轻视潜在的不利因素。

第四，结题报告应具有严密的逻辑结构，从引言到结论，各部分应紧密衔接，层次清晰，确保内容条理分明，使读者能够全面了解研究的全过程和成果。

第五，结题报告写作需严格遵守学术规范，包括格式、排版及文献引用等方面。报告中的图表、公式和数据应清晰明了，符合学术界通用标准。

第六，结题报告需明确研究的最终结论及其依据，突出研究对理论和实践的贡献。通过翔实的数据和科学的分析过程，增强结题报告的可信度与说服力。

撰写结题报告时，应以真实准确的数据和事实为基础，不要虚构或夸大研究成果。同时需不断优化内容，通过反复修改和完善，使报告逻辑清晰、内容具体，充分体现课题研究的价值和意义。通过高质量的结题报告，展现研究过程与成果，对课题研究提供科学总结，并为推广应用提供依据。

二、写作拆分

课题的研究可以不断深入，但阶段性的研究需要及时整理并总结成果。结题报告应全面涵盖从课题立意之初的构想到计划制定、具体落实，以及研究中完成的工作、遇到的问题、采用的方法、解决的方案，最终得出的结论。

这些内容应以真实数据为支撑，确保结题报告的科学性和可信度。

为了避免空泛，研究者在课题实施过程中需认真收集和记录真实数据，形成过程性材料。这些过程性材料包括课题实施计划、课题管理方法、研讨会记录、活动记录、成果图片展示，以及立项申请书、开题报告、中期报告、结题报告等文件，最终集结成册，或制作成光盘存档。

结题报告可以采用表格、图表、柱状图、饼状图等方法进行汇报，增强报告的说服力。撰写时的基本步骤包括：确立论点、整理资料、编写框架、撰写草稿、修改定稿。在完成初稿后，应反复打磨修改，确保研究目标明确，研究方法、结果及实践过程保持一致，报告内容具体翔实，逻辑清晰。

可将结题报告的书写拆分为如下几部分。

第一部分：问题界定与研究设计。这一部分需要明确界定研究的问题范围，详细阐述研究内容、研究目的、研究意义和创新点。结合相关理论基础，梳理研究思路、研究方法和研究路线，确保研究设计的科学性和严谨性。

第二部分：实践进展。对课题研究的活动过程进行逻辑性叙述，重点展示课题从计划到实施的具体步骤。可参考课题活动记录、研讨会记录和调查问卷分析等材料，详细说明研究过程中采用的关键方法、解决的主要问题和取得的阶段性成果。

第三部分：研究结论及对策。在这一部分，总结研究的核心结论，分析其理论意义和实践价值。同时，根据研究结果，提出针对性对策和建议，为教育实践和相关领域提供参考。

第四部分：研究成果汇总。系统汇总课题研究取得的成果，包括学术论文、研究报告、教学案例、教材开发等具体内容，必要时可配以表格或图片展示成果的实际效果和推广价值。

通过以上逻辑清晰、结构严谨的撰写框架，结题报告能够全面呈现课题研究的全过程及其成果，为后续研究和实践提供有力支持。

三、课题研究结论

课题研究结论是对整个研究过程及结果的总结和概括，它反映了研究者对研究问题的深入理解和全面分析。一个有效的课题研究结论应该具备以下几个关键要素。

（一）重申研究问题或主题

结论部分应清晰地重申研究的核心问题或主题，确保读者对研究的核心问题或主题有明确的认知。

（二）总结研究发现

结论部分需要概括研究的主要发现和结果，包括对研究数据、观察或实验结果的总结，以及结果如何支持或反驳研究假设。

（三）解释意义与影响

结论部分还应解释研究发现的意义和影响，包括对研究结果的解释，以及它们如何影响相关领域的理论或实践。

（四）提出局限性与建议

结论部分还应诚实地讨论研究的局限性，例如样本大小、研究方法或数据收集的限制。同时，结论部分可以提出对未来研究的建议，以克服这些局限性或进一步探索相关问题。

（五）总结性陈述

结论部分应以一个简洁的总结性陈述结束，概括研究的主要贡献和意义。

在撰写课题研究结论时，还需要注意避免出现新内容，结论部分不应引入新的数据、观点或分析，而应专注于对已有研究结果的总结。结论部分应使用精练、准确的语言，避免冗长和复杂的句子结构。结论部分的内容应逻辑清晰，使读者能够轻松理解研究的主要发现和意义。

注意尽量使用简明扼要的语言，总结研究的主要发现和结果，强调研究的重要性和贡献，提出研究的局限性和不足，指出未来的研究方向和建议，再次强调研究的意义和鼓励进一步研究。让读者能够快速了解研究的主要观点和结论。

【例5-11】

为×××，通过本研究，发现了×××问题并实现×××的解决办法。

首先，×××现象的不同方面，并发现了×××。其次，通过×××实施和数据分析验证了该研究假设，并得出了×××结论。此外，我们还深入探讨了这些结果对学术界的意义。

本课题研究的贡献在于×××，并为进一步的研究奠定了基础。研究发现对×××学科领域的理论和实践都具有重要意义，并可以为×××提供有价值的指导和建议。然而，我们同样意识到本研究还存在一些局限性。×××可能有一定的×××，限制了×××。此外，×××和×××限制也可能影响了结果的准确性和广泛适用性。

四、课题研究对策

课题研究对策是指在课题研究中，针对研究问题、挑战和局限性所提出的具体解决方案或策略。这些对策旨在提高研究的准确性、有效性和可靠性，以确保研究成果的质量和实际应用价值。

研究对策应明确研究问题与目标，在合适的研究方法及准确、可靠的数据支持下完成，必要时，可以寻求专家的意见。结合理论和实际背景，对研究对策进行合理的解释和讨论。

研究对策包括提升研究的实际应用价值，将研究成果与实际应用相结合提出具体的建议和对策，与行业专家、政策制定者等利益相关者进行合作，推动研究成果的转化和应用等。在研究过程中不断反思和总结经验教训，及时调整研究策略和方法。借鉴其他成功研究案例，持续提升研究质量和水平。对策应根据具体课题的特点和需求进行选择和调整，以确保研究的顺利进行和高质量成果的产生。同时，还应遵守研究伦理和法律法规，确保研究的合法性和道德性。

【例5-12】

本研究通过深入分析××领域的××问题，发现××现象并揭示了××机制。这些结果不仅支持了先前的理论假设，还为我们提供了对××问题新的理解。然而，本研究也存在一定的局限性，如样本规模较小等。未来研究可以从×××几个方面进一步扩大样本范围，以验证和拓展本研究的发现，深化对×××的理解。总的来说，本研究为××领域的发展提供了新的视角和启示。

【例5-13】

结题报告样式

样式一：

一、问题界定和研究内容

（一）问题界定

（二）研究内容

二、研究的目的、意义及创新之处

（一）研究目的

（二）研究意义及创新之处

三、理论基础与实践进展

（一）理论基础

（二）实践进展

（1）课题的启动，前期调查。

1）基本情况分析。

2）调查问卷分析（可以插入图表）。

3）确定方案。

（2）方案确定，组织培训，会议记录。

（3）实践应用，活动记录。

（4）调研、各种活动措施效果对比、调整，中期报告。

（5）调查报告（可以包括实践前后情况对比表）。

（6）学术成果汇总（学术论文、校本教材、案例）。

四、研究思路、方法、路线

（一）研究思路

（二）研究方法

侧重描述具体使用了哪些方法。例如调查法、个案研究法、经验总结法。

（三）研究路线

五、研究结论、对策建议及局限性和未来的方向

（一）研究结论

（二）对策建议

（三）局限性和未来的方向

样式二：

一、研究背景与问题

随着移动互联网技术的快速发展，××××逐渐成为××××领域的一种新兴学习方式。本研究旨在探讨××××在××××中的应用效果，分析其对××××××、××××和××××的影响。

二、研究目的与假设

研究目的：评估××××在××××中的实际应用效果，为××××和××提供有针对性的教学建议。

研究假设：××××能够有效提升学生的学习成绩，改变学习态度，并激发学习兴趣。

三、研究方法与过程

文献综述：收集并整理关于××××在××××中的相关研究文献，了解研究现状和发展趋势。

问卷调查：设计问卷，针对使用××××的学生进行调查，收集他们在××××过程中的体验、感受、学习成绩等信息。

数据分析：利用统计软件对收集到的数据进行描述性统计、相关性分析和回归分析等，以验证研究假设。

四、研究结果与发现

通过问卷调查发现，大多数学生对××××持积极态度，认为它方便、灵活且有助于提高学习效率。

数据分析结果显示，使用××××的学生在学习成绩方面普遍优于未使用的学生。

研究还发现，××××对改变学生学习态度、激发学习兴趣具有积极作用。

五、研究结论与对策

研究结论：××××在××××中具有显著的应用效果，能够有效提升学生的学习成绩和改变他们的学习态度。

对策建议：教育机构应加大对××××平台的投入和建设，为学生提供更多优质的××××资源。

教师应积极探索××××在教学中的应用模式，结合课程内容和学生特点设计有效的××××活动。

学生应充分利用××××平台，积极参与××××活动，提高自主学习能力和学习效果。

六、研究局限与展望

本研究虽取得了一定成果，但仍存在样本规模较小、研究方法单一等局限性。未来研究可进一步扩大样本范围，采用多种研究方法进行综合分析，以更全面地评估××××在××××中的应用效果。

这个案例提供了一个基本的课题研究框架，包括研究背景、目的、方法、结果、结论和对策等方面的内容。实际的研究案例可能会更加复杂，需要根据具体的研究问题和领域进行深入的探讨和分析。

样式三：

一、引言

课题背景：介绍课题的来源、研究的重要性和实际意义，以及国内外的研究现状和发展趋势。

研究目的与意义：明确研究的主要目的和预期达成的目标，阐述研究对于理论发展或实践应用的贡献。

二、文献综述

相关理论回顾：梳理与课题相关的理论框架和基本概念，为后续研究提供理论支撑。

国内外研究现状：总结国内外在该课题领域的研究成果、主要观点和研究方法，指出研究的不足和需要进一步探讨的问题。

三、研究方法

研究设计：描述研究的整体框架、研究假设和研究思路。

数据收集与处理：说明数据来源、采集方法，以及数据处理和分析的技术手段。

研究工具及其作用：介绍研究中使用的工具、软件或实验设备，以及它们在研究中的作用。

四、研究结果与分析

数据分析与结果呈现：展示通过数据处理和分析得到的研究结果，可以是图表、表格或文字描述。

结果解释与讨论：对研究结果进行解释和讨论，分析结果的合理性和可靠性，探讨可能的影响因素和机制。

五、结论与建议

研究结论：总结研究的主要发现和结论，回答研究问题或验证研究假设。

研究贡献与局限性：阐述研究对于学科发展或实践应用的贡献，同时指出研究的局限性和不足之处。

未来研究方向：提出对未来研究的建议或展望，指出可能的研究方向或需要进一步探讨的问题。

六、参考文献

列出报告中所引用的文献，按照学术规范进行排版。

在撰写课题研究结题报告时，我们应注意确保研究的科学性和严谨性，同时注重逻辑性和条理性。报告的语言应准确、简洁、明了，避免使用过于复杂的词汇或句子。此外，我们还应注意报告的格式和文献引用等方面的规范，以符合学术要求。

第八节　填写结题鉴定书

结题鉴定书是对课题研究完成情况进行科学评价的正式文件，旨在对研究的质量、成果的创新性及实际应用价值做出客观鉴定。该文件通常由专家评审组基于结题报告和实际研究成效进行综合评估，包含对研究成果的科学性、可操作性和教育实践意义的详细评价。结题鉴定书既是对研究者工作的认可，也是衡量课题完成水平的重要依据，并为后续推广与应用提供权威参考。

根据申请课题类型的不同，有不同的免鉴定条件。国家级课题应查询《全国教育科学规划课题管理办法》，省级课题可查询本省的课题管理办法。

申请免于鉴定的，相关人员在填写《全国教育科学规划课题成果鉴定申请·审批书》时，要说明理由，并随寄相关证明材料、发表或转载原件。

关于免鉴定的具体条件可以参照本书附录五和附录六的相关内容。

【例5-14】

申请免鉴定理由及其证明材料

《××省教育科学规划课题管理办法》第六章第二十七条：

学术水平突出、社会效益显著的课题，可以提出免于鉴定的申请。重大课题不得申请免于鉴定。

《××省教育科学规划课题结题鉴定实施细则》规定凡具备下列条件之一，可申请免于鉴定：

（1）课题成果获省部级三等奖以上的。奖项包括国家科学技术进步奖、国家教学成果奖、全国教育科学优秀成果奖及省级哲学社会科学奖（政府奖）、省级科学技术进步奖、省级教学成果奖等。其中，中等职业学校和中小学校，课题成果获得市级科技进步一等奖者，亦可申请免于鉴定。

（2）主要成果主体部分被市级以上政府或教育行政部门采纳并转化为政策文件的（须有相关文件依据）。

（3）课题最终成果在省级以上出版社出版，并在核心期刊上发表3篇以上的学术论文，在学术界和实践领域产生积极影响的。申请免于鉴定的课题，须在填写《××省教育科学规划课题结题·鉴定申请书》时说明理由，并附相关证明材料。经省规划办核准后发结题证书。

第九节　课题鉴定答辩

课题鉴定答辩是课题研究完成后的重要评审环节，研究者通过答辩向专家评审组详细阐述课题的研究背景、理论依据、研究过程、主要成果及其教育实践价值。答辩过程中，专家评审组会根据研究内容提出针对性的问题，以进一步了解研究的科学性、创新性及成果的实际应用效果。通过这一环节，不仅能够展现研究工作的严谨性和逻辑性，研究者还能够接受专家的反馈和指导，为后续课题研究的改进和推广提供重要的参考意见。

【例5-15】

尊敬的各位评委老师：

大家上午（下午）好！

我是××学校的××，研究的课题题目是×××。我十分感谢科研处领导的精心指导，同时也很感谢各位评审老师百忙之中抽出宝贵的时间来审阅我的结题答辩。今天的课题答辩我将从研究意义、研究的创新之处、研究内容和方法、研究过程和研究结论、研究成果和推广等几个方面来阐述。

一、研究意义

之所以选择这个课题，是因为×××，通过文献的阅读和实际的调研之后发现×××，我想通过本次课题研究解决这个问题，因此我校科研处领导共同讨论定下了这个选题。本选题从理论层面上来说可以丰富××理论，从实践层面来看可以有效缓解××问题。

二、研究的创新之处

研究方法上，从实际的角度本文将×××与×××相结合，在理论创新上，目前还没有研究者提出关于××方面的内容。

三、研究内容和方法

本课题是先确定选题，再确定研究管理方法和研究计划。首先本课题对重要概念和相关理论基础进行概述，梳理国内外相关文献，通过(某种研究方法)，深入了解×××存在的问题，深入分析×××的必要性和可行性，在此基础上，总结研究得出×××的结论与不足，对后续研究提出展望，这是本课题的技术路线图(PPT展示技术路线图)。

本文用到的研究方法，主要有×××和×××，运用××法对××进行×××，对××现状及描述运用××法。

四、研究过程和研究结论

课题组通过梳理国外文献，发现×××；通过×××活动，做了×××调查，通过×××分析，研究发现×××，得到了×××结论和×××对策。

五、研究成果和推广

在研究的过程中，课题组发表了×××，撰写了×××，获得了×××的成果。在×××进行分享和推广，取得了良好的效果和影响力。研究团队在××专家的指导下，也积累了不少经验。但目前还有诸多不足之处，也借此答辩机会，请各位专家能够提出宝贵的意见。

以上就是我的课题答辩，希望各位评审专家能够给予批评和指正，我的陈述完毕，谢谢！

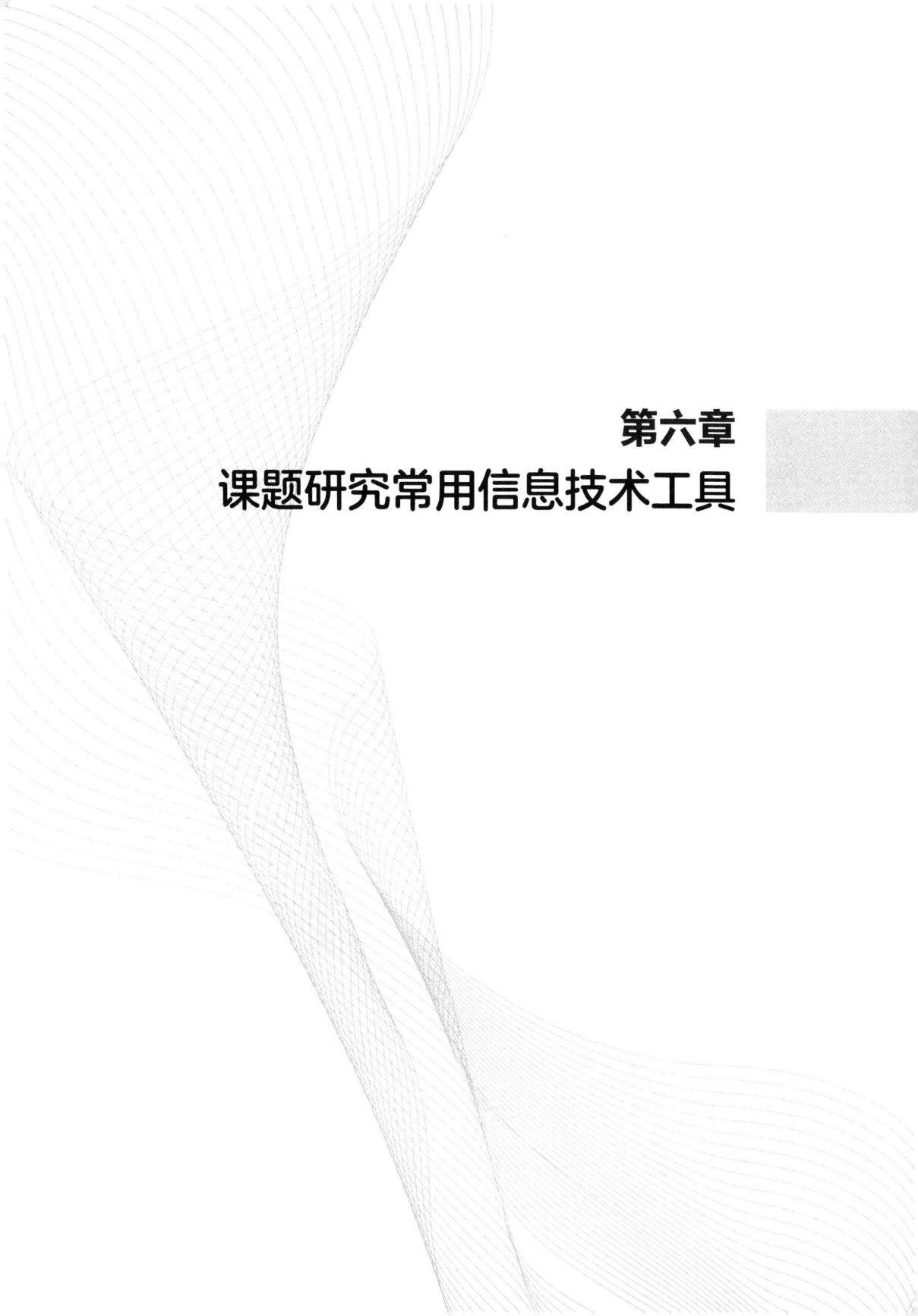

第六章
课题研究常用信息技术工具

第一节　调查问卷软件的使用

调查问卷可以自己设置题目，也可以利用软件直接生成，推荐使用 SPSS 软件、问卷星等。

利用调查问卷软件可以帮助用户创建、发送和收集问卷。用户可以直接参考问卷模板，并根据实际情况修改问卷问题，然后根据数据调查结果直接得出调查分析报告。问卷星微信小程序版本可以直接手机编辑、转发调查问卷、生成调查报告，十分方便，非常适合基础统计。

现对问卷星微信小程序的应用功能进行简单介绍。

一、创建问卷

用户登录微信，打开小程序界面，搜索"问卷星"小程序，点击创建。

此时界面提醒选择应用场景：调查、考试、投票、表单流程、360 度评估、接龙、NPS 问卷调查、（客户）满意度调查、员工敬业度调查、人才盘点。用户按照需求点击进入相关应用场景。

用户可以选择 AI 创作。此时需要输入调研主题、题目数量、调研目的，然后点击开始创作即可。

用户也可以复制与课题研究相关似的模板问卷，点击进入，点击复制问卷进入对问卷的编辑。此时用户可以随意增加或者修改问题，设置问卷是否记录昵称、答题方式，每部手机是否只能答题一次，设置问卷外观、开始及结束时间等。点击保存，点击发布调查即可。

用户还可以自己创建调查，输入题目，点击添加题目创建自己的问卷。用户可以添加各种类型的问题（如选择题、填空题、评分题等）。

二、发送问卷

发送问卷的方式可以选择复制链接、制作二维码海报、转发等。

三、统计结果

一旦问卷被发送出去，用户就可以使用小程序的分析工具来收集和分析结果。用户可以查看答卷份数、统计结果、每个问题的答案、总回答数、回答时间和地理位置等信息。小程序可以按要求生成饼状图、圆环图、柱状图、条形图、折线图。

四、生成报表

小程序还可以生成各种类型的报表，如 PDF、Excel 等，以帮助用户更好地理解和分析结果。

五、分享报告

分享报告功能可以帮助用户将问卷的统计结果或详细数据分享给他人。

六、成绩查询

考试类问卷还可以通过设置条件，允许参加者查询成绩等。

七、数据安全

小程序通常会提供数据安全和隐私保护功能，以确保用户的问卷和答案数据得到保护。每一次登录都会看到已发布的调查问卷，方便用户随时点击查阅。

使用调查问卷小程序可以帮助用户更轻松地创建和发送调查问卷，并快速收集和分析结果，从而更好地了解目标受众的需求和意见。

第二节　二维码的制作

二维码是一种比一维码更高级的条码形式，它可以储存信息，通过扫描二维码可以快速获取相关信息。课题研究的过程中经常会通过二维码进行文件传输。二维码的制作平台有很多，本书介绍一款简单实用的二维码制作小程序——草料二维码。

草料二维码有网页版和小程序版，电脑端可使用全部功能，手机端有功能限制，但可以快速生成二维码，推荐使用小程序版。

下面介绍制作二维码的一般步骤。

一、登录二维码制作小程序

打开微信，打开小程序界面，搜索"草料二维码"小程序。新用户可以阅读首页的平台介绍和新手指南。

二、生成二维码

点击下方引导框"生码"，在二维码生成器的页面上，填写要包含在二维码中的信息。信息可以是电子邮件地址、电话号码、文本（一般不超过150个字符，称为静码）、图片等。确保信息准确无误，否则可能导致扫描错误。电脑端可以制作活码，手机端仅支持静码制作。

点击确定，此时便出现一个二维码，单击保存到相册即可。

电脑版可以根据用户的需求调整二维码类型，每种类型的二维码都有其特定的编码方式和扫描要求。

用户可以根据需要调整二维码的大小、形状、颜色等参数，这有助于确保二维码在不同的媒介上（如纸张、墙壁、地面等）具有最佳的扫描效果。

三、分享二维码

生成二维码后，用户可以选择将其下载到本地计算机或直接分享到社交媒体平台等。如果需要大量的二维码，用户也可以选择批量生成。

通过以上步骤，用户就可以制作出自己需要的二维码了。需要注意的是，为了确保二维码的扫描效果和安全性，建议使用专业的二维码生成器，并尽量避免在二维码中包含敏感信息。

第三节　提高效率的工具与技巧

信息技术为人们的工作带来了极大的便利，一些实用的工具与技巧可以显著提升工作效率。

一、人名替换

在 Word 文档中，使用"编辑"—"替换"功能，可以快速将指定词语替换为目标词，操作便捷高效。

二、图片快速转化文字

可将手写稿拍成图片，并通过微信的"文件传输助手"发送，长按图片后选择"提取文字"，再复制粘贴即可。如果字迹不清晰，需核对并校正识别结果。

三、语音转文字

通过微信"文件传输助手"发送语音，长按语音选择"转成文字"，核对内容无误后即可复制粘贴，快速实现语音文本化。

四、文件扫描

使用"扫描王"App 可将纸质文件扫描成电子版，便于上传与分享。

五、结题鉴定材料的目录整理

在编写 Word 文档时要重视目录的编排，右击文字并选择"段落"—"缩进和间距"—"大纲级别"，将标题设置为一级、二级或三级标题。这样在 Word 文档中插入目录时，通过"引用"—"索引和目录"—"目录"选择标题级别，便可自动生成目录，尤其适用于字数较多的鉴定材料。

六、建立固定文档群组

建议建立微信群、百度网盘群组或公共邮箱等，用课题名称作为群组名称，成员名称标注姓名＋联系方式，方便任务发布与文档收集。配合使用按时间顺序整理的塑料文件夹，妥善存放开题报告、中期报告、结题报告等资料。

七、文件格式统一

在提交文件时，养成统一格式的习惯，包括字号、行间距和论文写作规范，文件名以"主题名＋作者名＋日期"命名。不同版本的文件可用日期区分，便于管理和存档。

八、输入框选标记

输入特定代码可实现不同的框选标记：输入"2610"后按 Alt+X 得到空框，输入"2611"后按 Alt+X 得到"☑"，输入"2612"后按 Alt+X 得到"☒"。

九、随时保存

养成随时保存文档的习惯，避免数据丢失，提高工作安全性。

附录 A 课题研究案例模板

课题研究案例模板说明如表 A-1 所示。

表 A-1 课题研究案例模板说明

项　目	内容说明
课题名称	请在此处填写你的课题名称，确保名称简洁明了，能够准确反映课题的研究内容
研究背景与意义	在这一部分，你需要详细阐述课题的研究背景，包括当前领域的发展状况、存在的问题及研究的必要性。同时，也要说明本课题研究的意义，包括理论意义和实践意义
研究目的与问题	在这一部分，你需要明确课题研究的具体目的和要解决的问题。研究目的应该明确、具体，研究问题应该具有针对性和创新性
文献综述	在这一部分，你需要对国内外相关领域的文献进行综述，包括已有研究成果、研究方法和研究结论等。通过文献综述，你可以了解当前领域的研究现状，为课题的研究提供理论支持和参考
研究方法	在这一部分，你需要详细说明课题研究采用的研究方法，包括数据收集方法、分析方法、实验设计等。确保研究方法科学合理，能够有效地支持课题研究的进行
研究过程	在这一部分，你需要详细描述课题研究的实施过程，包括实验的具体操作、数据的收集和分析等。确保研究过程详细、完整，能够清晰地展现课题研究的实际情况
研究结果与分析	在这一部分，你需要呈现课题研究的结果，并对结果进行深入的分析和讨论。确保结果准确、可靠，分析深入、全面
结论与建议	在这一部分，你需要总结课题研究的主要结论，提出针对性的建议或改进措施。同时，也可以对课题研究的不足和局限进行反思，为后续研究提供参考
参考文献	在这一部分，你需要列出课题研究过程中引用的所有文献，确保引用规范、准确

附录 B 立项评审书模板

登记号		

××省教育科学规划课题立项申请·评审书

（20××版）

课 题 名 称：_____

学 科 分 类：_____

申 报 类 别：_____

课 题 负 责 人：_____

负责人所在单位：_____

填 表 日 期：_____

××省教育科学规划领导小组办公室制

20××年×月

一、基础数据表

课题名称							
关键词							
选题依据		指南题号			申报类别		
研究类型	基础理论研究 ☐		应用性研究 ☐			综合性研究 ☐	
负责人姓名		性别		出生日期		年 月 日	
行政职务		专业职务			研究专长		
最后学历		最后学位			担任导师		
所在市				所属系统			
工作单位				电子信箱			
通讯地址					邮政编码		
联系电话		办公				手机	

	姓 名	出生年月	专业职务	研究专长	学历	学位	工作单位	签字
主要参加者								

预期最终时间		预期完成成果	

二、负责人和课题组主要成员近三年取得的与本课题有关的研究成果

成果名称	作者	成果形式	发表刊物或出版单位	发表时间

三、负责人和课题组主要成员近五年来承担的重要研究课题

课题名称	课题类别	批准时间	批准单位	完成情况

四、课题设计论证

内容提示：本课题的界定、省内外研究状况述评（包括对相关政策规定与实践进展情况进行论述与分析）、选题意义和研究价值；本课题的研究目标、研究内容、研究重点和创新之处；本课题的研究思路、研究方法、技术路线和实施步骤。（限3000字以内，可加页）

一、课题界定

二、省内外研究状况述评

三、选题意义和研究价值

四、研究目标和内容

（一）研究目标

（二）研究内容

五、研究重点

六、研究创新之外

七、研究思路

八、研究方法

续表

1. 访谈法
2. 教材分析法
3. 观察法
4. 查阅文献法
5. 学生问卷调查法
九、技术路线
十、实施步骤
第一阶段：准备阶段
第二阶段：实施阶段
第三阶段：结题阶段

五、完成课题的可行性分析

内容提示：已取得相关研究成果的社会评价（引用、转载、获奖及被采纳情况），主要参考文献（相关政策文件、研究成果限填10项）；课题负责人及主要参加者的学术背景和研究经验、组成结构（如职务、专业、年龄等），完成课题的保障条件（如研究资料、研究时间、研究经费、研究技术设备、所在单位提供的条件等）。（限1500字以内，可加页）
一、已取得相关研究成果的社会评价
二、主要参考文献
三、课题负责人及主要参加者的学术背景和研究经验、组成结构
四、完成课题的保障条件
（一）研究资料
（二）研究时间
（三）研究经费
（四）研究技术设备
（五）所在单位提供的条件

六、阶段性预期成果及最终研究成果

阶段性预期成果				
序号	研究阶段（起止时间）	阶段成果名称	成果形式	负责人

最终研究成果（必含课题研究总报告）				
序号	完成时间	最终成果名称	成果形式	负责人

七、推荐人意见

不具有高级专业技术职务的申请人，须由两名具有高级专业技术职务的同行专家推荐。推荐人须如实介绍课题负责人的科研态度、专业水平、科研能力和科研条件，并说明该课题取得预期成果的可能性。

姓名		职称		单位		电话	

推荐意见

推荐人签名：
年　月　日

姓名		职称		单位		电话	

推荐意见

推荐人签名：
年　月　日

八、课题负责人所在单位审查意见

九、市教育科学规划领导小组办公室意见

执行《全国教育科学规划课题管理办法》有关规定,完全意识到本声明的法律后果由本单位承担。保证课题申报的真实性,认可课题申请人及其所在单位的申报资格,同意上报省教育科学规划领导小组办公室。

公章

负责人签字:

年　　月　　日

附录 C 开题报告模板

课 题 名 称：_____

课 题 主 持 人：_____

所 在 单 位：_____

填 报 时 间：_____

××××年×月

一、开题简况：时间、地点、程序、评议专家（课题组外专家不少于2人）、参与者等。

时　　间：　　　　　　　　　　　　地　　点：

评议专家：　　　　　　　　　　　　课题主持人：

会议主持人：

参与人员：

会　　序：

二、开题报告要点：课题界定、选题意义、省内外研究状况述评、研究目标、研究内容、研究思路与方法、组织与分工、时间计划、预期成果等。

（一）课题界定

（二）选题意义

（三）省内外研究状况述评

省外：

省内：

（四）研究目标

科研目标：

工作目标：

育人目标：

（五）研究内容

（六）研究思路与方法

研究思路：

研究方法：

1. 文献研究法

2. 调查研究法

3. 行动研究法

（七）组织与分工

（八）时间计划

第一阶段：准备阶段

第二阶段：实施阶段

（九）预期成果

三、专家评议要点：侧重于对课题组汇报要点逐项进行可行性评估，并提出建议。

（一）可行性评估

（二）建议

　　　　　　　　　　　　　　　　　　　　　　　　评议专家组签名：

　　　　　　　　　　　　　　　　　　　　　　　　　　年　　月　　日

四、重要变更：侧重说明对照课题申请书，根据评议专家意见所做的研究计划调整，可加页。

　　　　　　　　　　　　　　　　　　　　　　　　课题主持人签名：

　　　　　　　　　　　　　　　　　　　　　　　　　　年　　月　　日

附录 D 课题中期报告模板

课题名称	
所属学科	
课题负责人	
所在单位	
填表日期	××××年×月

一、研究进展情况

研究进展情况包括开题时间、主要参加者及分工落实情况、研究工作进度、调研地点与时间等，不超过2000字，可加页。

（一）开题时间

本课题于××××年×月申请评审，×月开题，由××担任课题主持人，课题组成员××人。

（二）主要参加者及分工落实情况

\multicolumn{3}{c}{分工落实情况及相关负责人}		
序号	分工落实	负责人
1	分配课题组成员的研究任务、撰写方案，督促、检查课题研究进程，确保课题研究工作顺利完成，组织编写科研材料，带领课题组成员完成课题研究报告	
2	课题研究中案例的设计与制作，建立微课学习群、建立学校网站。负责教师培训，整理总结××××在各学科的应用案例	
3	协助课题主持人对课题研究过程进行全面管理，研究课题实施方案，研究新课改下××××与各学科的结合问题，参与校本教材的编写、制作，参与撰写开题报告、中期报告、结题报告	
4	研究人工智能与课堂教学有效整合问题，承担课题研究中教案、电子教材的设计与制作	
5	撰写相关论文，承担部分材料的撰写工作，负责资料收集、保管	
6	设计调查问卷与操作，撰写调查报告，研究实践反思问题	

（三）研究工作进度、调研地点与时间

阶段性工作报告						
序号	具体研究内容	形式	负责人	时间	地点
1	确定课题组成员、完成选题	会议		20××年×月	
2	查阅相关资料、撰写评审书	研讨		20××年×月	
3	课题组成立，召开开题会议，完成开题报告	会议		20××年×月××日	
4	认真听取专家意见，进一步改进开题报告	会议		20××年×月××日	
5	课题组召开开题会议，对组内成员进行明确分工	会议		20××年×月××日	
6	课题组成员召开会议，对教师和学生完成问卷调查并分析调查结果	研讨	课题主持人	20××年×月××日—20××年×月××日	
7	确定我校课题申报工作的研究内容，制定工作计划	研讨		20××年×月××日	
8	撰写课题开题报告，对下一阶段的工作进行指导	研讨		20××年×月	
9	对培训进行总结反思	研讨		20××年×月	
10	工作总结	研讨		20××年×月	
11	制定新学期计划	研讨		20××年×月	
12	对我校教师进行××培训	培训		20××年×月××日	
13	对我校教师进行××培训	培训		20××年×月××日	
14	对我校教师进行××培训	培训		20××年×月××日	
15	对我校教师进行××培训	培训		20××年×月××日	
16	指导各自教师在教学中使用××××进行教学	实践	课题组教师	20××年×月—20××年×月	
17	课题组召开会议，交流近期的研究成果及遇到的问题，探讨解决对策	会议		20××年×月××日	
18	推广应用	实践	课题组成员	20××年×月××日	全校范围
19	指导教师在"一师一优"活动中多使用××××	实践	全校教师	20××年×月—20××年×月	全校范围

二、存在的主要问题

授课教师对××××操作技术欠缺，教师局限于传统的教学方式，对相关操作的技术掌握不够，需对其进行培训。

实施过程受限制，科研主要在小范围个别学科进行研究。一些先进设备无法大范围普及。

三、重要变更

（一）课程培训的实施变更

实施过程加入××××技术的培训，包括××、×××的使用及制作的培训。

（二）其他分工变动

（1）研究成果改为《××××》校本教材形式代替专著形式。

（2）由于受到学生住校的限制，学生自主学习时间较少，课后不布置相关作业，改为自愿体验。

（三）人员变化

因课题研究实际工作需要，经课题组研究决定，将课题组研究成员×××同志变更为××同志，为充实研究力量，新增×××、×××两名同志。

现课题组研究成员如下：

课题主持人：××

研究成员：×××、×××……

附录 E 《全国教育科学规划课题管理办法》

（2017 年 7 月修订）

第一章 总则

第一条 为了规范全国教育科学规划课题管理，促进教育科学研究繁荣发展，依据《国家社会科学基金管理办法》的有关规定和教育学科的实际情况，制定本办法。

第二条 设立全国教育科学规划课题旨在搭建教育科学研究平台，体现国家和社会需求，引领教育科学研究发展方向，凝聚科研力量，培养科研人才。

第三条 全国教育科学规划管理工作必须坚持正确导向，突出国家水准，注重科学管理，弘扬优良学风。

第四条 组织实施全国教育科学规划课题，应该遵循公开、公平、公正的原则，充分发挥教育科学界专家学者的作用。采取宏观引导、自主申请、平等竞争、同行评审、择优支持的机制。

第二章 组织与职责

第五条 全国教育科学规划领导小组领导全国教育科学规划管理工作。其主要职责是：

（一）研究提出贯彻落实中央繁荣发展教育科学方针原则的政策措施，对全国教育科学规划管理中的重大问题作出决定；

（二）审批国家重大、国家重点课题选题指南；

（三）指导全国教育科学规划学科规划评审组工作，审批全国教育科学规划立项课题；

（四）指导制定全国教育科学规划课题管理办法和经费管理办法；

（五）领导全国教育科学研究优秀成果评奖工作；

（六）决定其他重大事项。

第六条 全国教育科学规划领导小组办公室（以下简称全国教科规划办）

作为全国教育科学规划领导小组的办事机构，负责全国教育科学规划课题日常管理工作。其主要职责是：

（一）制定全国教育科学规划及课题选题指南；

（二）制定全国教育科学规划课题管理办法和经费管理办法等；

（三）组织全国教育科学规划各类课题的评审、检查与鉴定工作；

（四）编制课题经费预算；

（五）组织全国教育科学研究优秀成果和先进管理单位的评选奖励工作；

（六）开展课题成果的宣传、交流和推广活动；

（七）完成领导小组交办的其他工作。

第七条 教育部各司局、直属单位和直属高校、各省（自治区、直辖市）教育科学规划领导小组办公室（以下简称省区市教科规划办）及军事教育科学规划办公室，受全国教科规划办委托，协助做好本系统、本地区、本单位全国教育科学规划课题申请和管理工作。其主要职责是：

（一）组织本系统、本地区、本单位教育科学研究人员申请全国教育科学规划课题；

（二）审核申请人所提交材料的真实性和有效性；

（三）督促落实并提供全国教育科学规划课题实施的条件；

（四）配合全国教科规划办对全国教育科学规划课题的实施和资助经费的使用进行督促、检查和跟踪管理。

全国教科规划办对教育部各司局、直属单位和直属高校、省区市教科规划办和军事教育科学规划办公室的相关工作进行指导、监督。

第八条 全国教育科学规划分学科设立学科规划评审组，由政治素质高、学术造诣深、社会责任感强的专家组成。学科规划评审组成员由全国教科规划办聘任，实行任期制，每届任期五年，连任不超过两届，连任届满后再次聘任的时间间隔不少于5年。学科规划评审组的职责是：

（一）定期开展教育科学学科发展状况调查，对年度国家重大和国家重点课题选题指南提出建议；

（二）评审全国教育科学规划课题申请，提出全国教育科学规划课题资助建议；

（三）协助全国教科规划办对全国教育科学规划课题的实施进行监督、检查，提出评估意见和改进建议；

（四）对课题的研究成果进行鉴定、审核和评介；

（五）推荐教育科学研究优秀成果和优秀人才。

全国教科规划办根据全国教育科学规划管理工作实际需要和学科规划评审组专家履行职责情况，对学科规划评审组进行动态调整。

第三章 课题与规划

第九条 全国教育科学规划设立国家重大课题（国家社会科学基金教育学重大课题）、国家重点课题（国家社会科学基金教育学重点课题）、国家一般课题（国家社会科学基金教育学一般课题）、国家青年课题（国家社会科学基金教育学青年课题）、后期资助课题（国家社会科学基金教育学后期资助课题）、西部课题（国家社会科学基金教育学西部课题）、委托课题（国家社会科学基金教育学委托课题）（以上课题简称为国家级课题）；设立教育部重点课题、青年专项课题、规划课题（以上课题简称为教育部级课题），以及国防军事教育学科和其他部委课题。全国教育科学规划课题类型根据经济社会发展变化和教育科学发展需要，进行适时调整和不断完善，不同类型课题的资助领域和范围各有侧重。

第十条 国家重大和国家重点课题资助中国特色社会主义教育事业的重大理论和现实问题研究，资助对教育改革和发展起关键性作用的重大基础理论问题和实践问题研究。

第十一条 委托课题资助因经济社会发展、教育事业发展急需或者其他特殊情况临时提出的重大课题研究。

第十二条 后期资助课题资助教育学科基础研究领域先期没有获得相关资助、研究任务基本完成、尚未公开出版、理论意义和学术价值较高的研究成果。全国教科规划办负责后期资助课题的初评和日常管理。

第十三条　西部课题资助涉及推进西部地区教育事业持续健康发展、社会和谐稳定，促进民族团结、维护祖国统一，弘扬民族优秀文化等方面的重要课题研究。

第十四条　其他课题主要资助对推进教育理论创新和学术创新具有支撑作用的一般性基础研究，以及对推动教育事业发展具有指导意义的专题性应用研究。

第十五条　设立全国教育科学成果文库，对教育科学研究优秀成果进行表彰奖励并资助出版，推动教育科学界以优良学风打造更多精品力作。全国教育科学成果文库每年评选一次。

全国教科规划办负责《国家哲学社会科学成果文库》教育学科的申报和初评工作。

第十六条　为支持地方教育科研发展，设立单位资助的教育部规划课题，其研究经费由申请者单位负责。

第四章　申请与评审

第十七条　申请全国教育科学规划课题的申请人应符合以下条件：

（一）遵守《中华人民共和国宪法》和法律；

（二）具有独立开展研究和组织开展研究的能力，能够承担实质性研究工作；

（三）申请国家重大、国家重点和国家一般课题需具有副高级以上专业技术职称（职务），或者具有博士学位。

申请国家青年、教育部重点和青年专项课题需具有副高级以上专业技术职称（职务），或者具有博士学位。不具有副高级以上专业技术职称（职务）或者博士学位的，必须有两名具有正高级专业技术职称（职务）的专家进行书面推荐。申请青年课题的申请人年龄不超过35周岁（以申报截止日期为准）。

（四）申请西部课题的申请人必须是西部地区科研单位的在编人员。

（五）在内地（大陆）工作的港澳台研究人员申请课题参照社科规划办通字〔2017〕22号文件执行。

（六）申请人同时只能申报一个课题，申请国家自然科学基金项目、国家社会科学基金项目、教育部人文社会科学研究项目及其他国家级科研项目的负责人同年度不能申请全国教育科学规划课题。在研的国家级项目负责人不能申请新的全国教育科学规划课题。

（七）国家重大和国家重点课题的申请人必须有承担并完成过省部级以上教育科研课题的经历。

（八）申请国家重大和国家重点课题的，其课题名称须与指南保持一致，不得自行更改或添加副标题。申请其他类别课题的，可根据自己的研究优势和学术积累自主确定研究选题。

（九）全国教科规划办工作人员不得申请或参与申请全国教育科学规划课题。

第十八条 申请人可以根据研究的实际需要，吸收境外研究人员作为课题组成员参与申请全国教育科学规划课题。

第十九条 申请人应根据要求，认真、如实填写申请书，并送所在单位审核。

申请人所在单位按本办法的规定进行审查，签署意见，并承诺提供研究条件和承担课题管理职能及信誉保证。在规定日期内，教育部各司局、直属单位和直属高校将本单位审查合格的申请书集中报送全国教育科学规划办。其他单位的申请书送交省区市教科规划办，由其签署意见后集中报送全国教科规划办。

全国教科规划办不受理个人直接报送的课题申请书。

第二十条 申请单位资助规划课题的，须出具课题所需研究经费有保障的证明材料。

第二十一条 课题申报自申报公告发布之日起开始，申报受理期限一般为二个月。全国教科规划办对申请材料进行初步审查，对于符合本办法规定条件的，予以受理；对于不符合本办法规定条件的，或者不符合课题指南要求的，不予受理。

第二十二条 全国教育科学规划课题实行同行专家评审制。每次随机抽取部分学科规划组成员组成课题评审组进行评审，也可根据实际需要特聘专家参与评审。凡申请课题的学科规划组成员和其他专家不参加当次课题评审工作。

第二十三条 国家重大课题实行公开招标评审制度。国家重点、一般和青年课题，教育部重点、青年专项课题采用会议独立评审、通讯评审等方式。

第二十四条 评审专家评审全国教育科学规划课题申请，应当从政治方向、学术创新、实践价值以及研究方案的可行性等方面进行独立判断和评价，同时综合考虑申请人和参与者的研究经历、前期相关研究成果、资助经费使用计划的合理性、研究内容获得其他资助的情况等因素，提出客观、公正的评审意见。

招标评审需由评审专家投票表决，并拟写评审和修改意见，会议评审、通讯评审等由专家组独立评审，根据得票数和总得分高低排序。

第二十五条 全国教科规划办根据本办法的规定和专家提出的评审意见，对评审结果进行复核，提出拟资助课题并报送全国教育科学规划领导小组审批。

全国教科规划办应当将拟资助课题进行公示，公示期一般为7天。在公示期内，凡对拟资助课题有异议的，可以向全国教科规划办提出实名书面意见，全国教科规划办经调查核实后予以回复。

第二十六条 国防军事教育学科规划课题的申报与评审，由军事教育科学规划办公室参照本办法自行组织进行。评审通过确定立项的课题须报全国教科规划办审批和备案。

第二十七条 单位资助的教育部规划课题，由省区市教科规划办负责组织初评，最终立项结果由全国教科规划办审定。

第二十八条 申请人对不予资助的决定持异议的，可以自资助课题公布之日起15日内，向全国教科规划办提出书面复审请求。对评审专家的学术判断有不同意见，不得作为提出复审请求的理由。申请人只能提出一次复审请求。

第二十九条 全国教育科学规划课题评审工作中，评审专家、学科规划评审组秘书、工作人员有下列情形之一的，应当主动申请回避：

（一）评审专家、学科规划评审组秘书、工作人员是申请人、参与者的近亲属，或者与申请人、参与者存在可能影响公正评审的其他关系；

（二）评审专家、学科规划评审组秘书申请本年度全国教育科学规划课题。

全国教科规划办根据申请，经审查作出是否回避的决定；也可以根据掌握的情况直接作出回避决定。

第五章 资助与实施

第三十条 国家级课题负责人自收到立项批准通知之日起 30 日内，应当按照批准的资助经费数额编制经费支出预算，报全国教科规划办批准。无特殊情况，逾期不报视为自动放弃资助。教育部级课题预算由责任单位负责审核。

课题负责人必须严格按照批准的经费支出预算使用资助经费。课题负责人、责任单位不得以任何方式侵占、挪用资助经费。资助经费使用与管理的具体办法另行制定。

第三十一条 课题负责人接到立项批准通知后，应尽快确定具体的课题实施方案，在三个月内组织开题，并及时将实施方案和开题情况报送全国教科规划办和相关科研管理部门。

第三十二条 课题负责人必须按照课题申请书的承诺组织开展研究工作，做好课题实施情况的原始记录。在研究中期，应按要求填写中期检查报告，报送全国教科规划办和相关科研管理部门。全国教科规划办将视课题完成周期，适时对课题进行中期检查。

第三十三条 国家重大和国家重点课题实行年度检查制度。课题负责人需填写年度检查表，经所在单位审核，于每年 12 月底前报送全国教科规划办。对不按规定报送或经检查不合格的课题，全国教科规划办将暂缓拨付经费，严重违规的要予以追究。

国家重大和国家重点课题每年需报送 1 篇决策咨询报告，反映最新研究成果，提出决策参考建议。决策咨询报告报送和采用情况将作为结题鉴定的重要依据。

第三十四条 自课题资助期满30日内，课题负责人应当提交最终研究成果和课题结题申请。最终研究成果通过同行专家鉴定和全国教科规划办审核验收后，方可正式结题。国家级课题的著作成果在鉴定后方可公开出版。课题负责人和责任单位需在结题后一年内向全国教科规划办提交公开出版的著作。

第三十五条 全国教科规划办实行优秀成果奖励制度。对于结题成果被专家鉴定为"优秀"的课题负责人，在后续课题申请评审时，给予增加1票（80分）的倾斜政策，优先立项。课题负责人所提交的决策咨询报告如被《教育成果要报》采用并获领导批示，可以申请免于鉴定。

第三十六条 课题实施中，有下列情形之一的，责任单位应当及时提出终止课题实施的申请，报全国教科规划办批准；全国教科规划办也可以直接作出终止课题的决定：

（一）课题负责人无力继续开展研究工作的；

（二）最终研究成果质量低劣，专家鉴定为不合格，二次鉴定仍未通过的；

（三）课题负责人在其他学术研究活动中有剽窃他人科研成果或者弄虚作假等学术不端行为的；

（四）国家级课题最终研究成果未经批准结题擅自公开出版的；

（五）临近资助期满未取得实质性研究进展的；

（六）严重违反资助经费使用和管理制度的；

（七）存在其他严重情况的。

第三十七条 课题实施中，有下列情形之一的，全国教科规划办作出撤销课题的决定：

（一）研究成果（包括最终研究成果和阶段性研究成果）有严重政治问题的；

（二）存在以课题名义进行营利行为的；

（三）课题研究中有剽窃他人科研成果或者弄虚作假等学术不端行为的；

（四）逾期不提交最终研究成果的；

（五）盗用公章或私刻课题公章，违规设立实验区、实验校的；

（六）存在其他严重问题的。

第三十八条 课题实施中，有下列情形之一的，须由课题负责人提出书面申请，经所在单位同意，报送全国教科规划办审批：

（一）变更课题负责人；

（二）改变课题名称；

（三）研究内容或者研究计划有重大调整的；

（四）变更课题管理单位；

（五）变更课题完成时间；

（六）涉及国家秘密或者重要敏感问题的阶段性研究成果准备出版、发表的；

（七）变更课题经费预算；

（八）其他重要事项的变更。

对未经批准，擅自进行上述变更的课题，将不予结题。

第三十九条 全国教科规划办、省区市教科规划办和教育部直属高校等委托管理机构及责任单位应当充分利用报刊、广播电视、互联网等媒体，积极宣传推介全国教育科学规划课题优秀成果及课题研究中涌现出的优秀人才，并建立稳定的宣传推介载体和渠道。

全国教科规划办应当将具有重要实践指导意义和决策参考价值的课题研究成果及时摘报有关领导和部门。

省区市教科规划办、教育部直属高校等委托管理机构和责任单位如果向有关领导和部门提交有决策参考价值的课题研究成果，必须同时报送全国教科规划办。

第四十条 全国教育科学规划各类课题的最终成果，在出版、发表或向有关领导部门报送时，须在醒目位置标明课题名称、课题类别、资助单位及课题批准号等信息。

第四十一条 全国教育科学研究优秀成果评选奖励活动每五年举办一届，获奖成果由教育部颁发证书。评奖办法另行规定。

第六章 监督与处罚

第四十二条 申请人、参与者伪造申请材料的，由全国教科规划办给予警告；其申请课题已获得资助的，全国教科规划办作出撤销课题决定，追回已拨付的资助经费；情节严重的，5年内不得申请或者参与申请全国教育科学规划课题。

第四十三条 根据本办法第三十六条规定，课题被终止实施的，追回结余经费，剩余经费不再拨付；课题负责人5年内不得申请或者参与申请全国教育科学规划课题。

根据本办法第三十七条规定，课题被撤销的，追回已拨付的全部资助经费，剩余经费不再拨付；课题负责人5年内不得申请或者参与申请全国教育科学规划课题。

全国教科规划办公开通报批评被撤销课题负责人及责任单位，课题负责人的责任单位必须在本单位相应通告批评课题负责人。

第四十四条 全国教科规划办建立课题负责人、委托管理机构和责任单位的信誉档案，并将其作为批准全国教育科学规划课题申请的重要依据。

课题负责人、委托管理机构和责任单位有下列情形之一的，记入不良信誉档案：

（一）国家级课题结题后，未按规定一年内提交已公开出版著作的；

（二）委托课题负责人未能履行课题研究承诺的；

（三）委托管理机构对于教育部规划课题管理不当，结题把关不严格的；

（四）发生其他不良现象的。

第四十五条 责任单位有下列情形之一的，由全国教科规划办给予警告，责令限期改正；情节严重的，通报批评：

（一）未对申请人或者课题负责人提交材料的真实性、有效性进行审查的；

（二）未履行保障课题研究条件的职责的；

（三）未依照本办法规定提交本单位国家重大、国家重点课题年度实施情况报告的；

（四）纵容、包庇课题申请人、负责人弄虚作假的；

（五）擅自变更课题负责人的；

（六）不配合全国教科规划办和省区市教科规划办等委托管理机构监督、检查课题实施的；

（七）截留、挪用资助经费的。

第四十六条 评审专家有下列行为之一的，由全国教科规划办给予警告，责令改正；情节严重的，通报批评，不再聘请：

（一）未履行本办法规定的职责的；

（二）未依照本办法规定申请回避的；

（三）披露未公开的与评审有关的信息的；

（四）未公正评审课题申请的；

（五）利用评审工作便利谋取不正当利益的；

（六）有剽窃他人科研成果或者弄虚作假等学术不端行为的。

第四十七条 全国教科规划办对评审鉴定专家履行职责情况进行评估；根据评估结果，建立评审鉴定专家信誉档案。

第四十八条 全国教育科学规划课题评审中，工作人员有下列行为之一的，给予处分：

（一）未依照本办法规定申请回避的；

（二）披露未公开的与评审有关的信息的；

（三）干预评审专家评审工作的；

（四）利用评审工作中的便利谋取不正当利益的。

第七章 附则

第四十九条 本办法的解释权和修改权属全国教科规划办。国防军事教育学科规划课题的解释权和修改权属军事教育科学规划办公室。

第五十条 本办法自发布之日起开始施行。本办法施行前的有关规定，凡与本办法不符的，均以本办法为准。

附录 F 《全国教育科学规划课题结题鉴定细则》

（2017 年 7 月修订）

第一章 总则

第一条 为规范全国教育科学规划课题管理，健全教育科学研究成果评价机制，提高课题研究成果质量，根据《全国教育科学规划课题管理办法》的有关规定，制定本细则。

第二条 全国教育科学规划课题按期完成后，原则上最终成果均须进行鉴定，通过鉴定后予以结题。全国教育科学规划领导小组办公室（以下简称全国教科规划办）负责国家重大、国家重点、一般和青年课题、西部课题、后期资助课题、委托课题（以下简称国家级课题）及教育部重点、青年专项课题（以下简称教育部级课题）成果的最终鉴定工作。

第三条 全国教科规划办委托省（自治区、直辖市）教育科学规划领导小组办公室（以下简称省区市教科规划办）负责所在地区承担的单位资助教育部规划课题成果的鉴定工作，鉴定结果报送全国教科规划办最终审定。

第四条 课题成果鉴定后，全国教科规划办有权进行课题研究成果的宣传和转化工作。

第五条 课题结题鉴定坚持质量第一的原则，重点验收课题最终成果的质量和学术水平。要在坚持正确政治方向的前提下，把成果质量和创新性放在首位，注重实际价值，严把结题鉴定的质量关。

第六条 涉及国家秘密或者重要敏感问题的研究成果，应先提交并通过全国教科规划办审核后方可正式公开出版。

第二章　成果要求

第七条　全国教育科学规划课题最终成果的基本要求：

（一）国家重大、国家重点、一般和青年课题、委托课题和西部课题的著作成果鉴定时提交书稿和出版合同，鉴定通过后方可公开出版。未经批准擅自出版的，全国教科规划办将终止课题，追回已拨付的结余经费，剩余经费不再拨付；课题负责人5年内不得申请或者参与申请全国教育科学规划课题。

（二）国家重大、国家重点课题应出版学术专著1部，并在CSSCI来源期刊或SSCI、A&HCI等国际索引期刊发表论文3篇以上，并至少提交2篇决策咨询报告。

（三）国家一般课题、西部课题应出版学术专著1部，并在CSSCI来源期刊或SSCI、A&HCI等国际索引期刊发表论文3篇以上。

（四）国家青年课题应出版学术专著1部，并在CSSCI来源期刊或SSCI、A&HCI等国际索引期刊发表论文2篇以上。

（五）委托课题以委托时的成果要求为准。

（六）后期资助课题应参照立项时《专家评审意见》进行认真修改完善，通过鉴定后由全国哲学社会科学规划办公室统一组织出版。

（七）教育部重点课题应在北京大学图书馆中文核心期刊上发表论文3篇以上，或出版学术专著1部。

（八）教育部青年专项课题应在北京大学图书馆中文核心期刊上发表论文2篇以上，或出版学术专著1部。

（九）教育部规划课题应在公开刊物上发表论文1篇以上，或出版学术著作1部。

第八条　专著或论文发表须独家注明全国教育科学规划"课题类别+课题名称+课题批准号"。没有注明或注明多家资助机构的成果不得列入课题研究成果。

第九条　课题负责人至少为一篇代表作（著作、论文）的第一作者或独立作者。与研究主题无关的成果不得列入课题研究成果。

第十条　研究成果必须源自课题研究。学位论文、博士后出站报告等不得作为课题研究成果提交鉴定。

第十一条　提交鉴定前须在本单位或本区域举行成果公开报告会，听取同行的意见和建议。

第十二条　所有课题申请结题鉴定均须填写《全国教育科学规划课题成果鉴定申请·审批书》，提交研究总报告和成果公报。后期资助课题填写《国家社科基金（教育学）后期资助项目鉴定结项审批书》，提交最终研究成果和成果简介。

第三章　免于鉴定的条件

第十三条　不同类别课题的最终成果具备以下相关条件的，可申请免于鉴定：

（一）国家一般和青年课题、西部课题获得省部级评奖二等奖以上奖励；或提出的理论观点、政策建议等被省部级以上党政领导机关完整采纳吸收，并附有基本材料和相关证明。

奖项须为政府所颁发，包括：国家社科基金优秀成果奖、国家教学成果奖、全国教育科学研究优秀成果奖、高等学校科学研究优秀成果奖、国家科学技术奖，以及省级哲学社会科学研究优秀成果奖、省级教学成果奖和省级科学技术奖。奖项名称应与课题名称对应，课题负责人须为获奖项目第一人。

（二）教育部重点课题和青年专项课题最终成果的主体部分被省级以上教育行政部门完整采纳吸收，并附有基本材料和相关证明地；或最终成果的主体内容在《中国社会科学》《求是》《新华文摘》发表或转载，并有唯一明确标识。

（三）教育部规划课题最终成果的主体内容在《教育研究》《心理学报》或国外专业刊物发表；或发表的论文被人大复印资料全文转载，并有唯一明确标识。

第十四条　教育部重点课题和青年专项课题达到列入国家一般、青年和西部课题免于鉴定的条件，教育部规划课题达到列入国家一般、青年和西部课题、教育部重点课题和青年专项课题免于鉴定的条件，均可申请免于鉴定。

第十五条 课题负责人所提交的决策咨询报告如被全国教科规划办编发的《教育成果要报》采用并获领导批示的，可以申请免于鉴定。

第十六条 申请免于鉴定的，在填写《全国教育科学规划课题成果鉴定申请·审批书》时，要说明理由，并寄送相关证明材料及发表或转载文章的原件或复印件。

第十七条 国家重大和国家重点课题不得申请免于鉴定。

第四章 鉴定标准与方式

第十八条 对研究成果从科学性、创新性、规范性、难易程度、应用价值等五个方面进行等级分类评价，根据专家的鉴定意见和鉴定结果，综合确定成果的鉴定等级。鉴定等级分为优秀、良好、合格和不合格四个等级。

后期资助课题主要审核成果是否参照立项时的《专家评审意见》进行修改完善，符合要求的，鉴定等级为合格。后期资助课题负责人如果对立项时《专家评审意见》存在学术观点方面的意见，应由课题组提出充分合理的未采纳修改意见的理由，并由定专家审核认定。

第十九条 采取会议集中鉴定或通讯鉴定的方式，个别确需进行单独会议鉴定的课题，须由课题组提出申请，经全国教科规划办批准后方可进行。

第二十条 建立鉴定专家资源库，由全国教科规划办从鉴定专家资源库中遴选鉴定专家组织鉴定。鉴定专家须具有高级专业技术职称或职务，学风端正，学术造诣深厚，学术判断能力强。

第二十一条 鉴定专家应公正、公平、客观、准确地评价课题研究成果，在认真审读研究成果的基础上，对照课题申请书预期达到的目标，参照《全国教育科学规划课题成果鉴定等级评定参照指标》，对研究成果提出鉴定意见。

采取通讯鉴定方式的，鉴定专家分别提出个人书面鉴定意见、评定成果等级、提出能否通过课题鉴定的明确意见。全国教科规划办根据专家意见，综合判定课题鉴定的等级。

采取会议鉴定方式的，由鉴定组专家集体评议，形成综合性鉴定意见，提出能否通过课题鉴定的明确意见及鉴定等级，全国教科规划办确认后上网公布。

第二十二条 每项课题的鉴定专家一般为3—5人，最多不超过7人。课题负责人所在单位的人员不得担任该课题鉴定专家，同一单位参与同一课题鉴定的专家不超过2人。

第二十三条 课题成果首次鉴定的费用由全国教科规划办专门经费支付（教育部级课题除外）。首次鉴定未通过需第二次鉴定的，鉴定费3000元从课题预留资金中扣除。

第二十四条 鉴定工作接受同行和社会监督。建立鉴定专家信誉制度，表彰信誉良好专家，及时淘汰信誉不良专家。

第五章 鉴定程序

第二十五条 课题研究工作完成后，课题负责人填写《全国教育科学规划课题成果鉴定申请·审批书》，可从全国教科规划办网站下载（http://onsgep.moe.edu.cn），经所在单位科研管理部门审核合格后，向全国教科规划办报送鉴定材料6套。每套材料包括：课题立项通知书、《课题申请·评审书》、开题报告、中期报告、《全国教育科学规划课题成果鉴定申请·审批书》、成果主件（研究总报告和成果公报）、成果附件（书稿及合同、著作、已发表的研究论文）、相关证明（领导批示、获奖情况、媒体报道及决策报告被采纳等的证明文件）、重要变更的申请及获准批复。除著作外，每套鉴定材料须统一用A4纸左侧装订成册。申请免于鉴定的，须报送鉴定材料2套。免于鉴定申请未获批准的，重新报送鉴定材料6套。

第二十六条 后期资助课题完成后，应填写《国家社科基金（教育学）后期资助项目鉴定结项审批书》，经项目负责人所在单位审核后，报送所在省区市教科规划办或教育部直属高校等委托管理机构审核后寄送至全国教科规划办。每套材料包括:《鉴定结项审批书》2 份（A4 纸左侧装订），并附 2 套项目最终成果和 2 份最终成果简介和 1 张存有电子版成果及下简介的光盘（电子版须为 Word 格式）。

第二十七条　全国教科规划办在收到鉴定材料后进行初步审查，审查通过即组织鉴定，鉴定工作原则上在收到申请人寄达的鉴定材料后 2 个月内完成（遇节假日顺延）。

第二十八条　全国教科规划办组织专家对审查通过的课题进行鉴定。第一次鉴定未通过并在研究期限内的，全国教科规划办将鉴定意见反馈给课题负责人，课题组根据专家意见进行修改完善，并在半年内重新申请鉴定，第二次鉴定仍未通过的，终止课题。课题负责人退回已拨付的结余资金，剩余资金不再拨付；5 年内不得申请或者参与申请全国教育科学规划课题。逾期不申请二次鉴定又不说明理由的，视为放弃二次鉴定权利。

第二十九条　全国教科规划办公示鉴定结果及课题成果，接受社会监督。课题负责人对鉴定结果有异议的，可申请复议。申请复议时，要说明理由，并有 3 名以上具有正高级职称的同行专家联名提请或由课题负责人所在单位科研管理部门提请，经全国教科规划办批准后重新组织专家进行鉴定。重新鉴定的费用由课题负责人支付。同一课题成果只能复议一次，复议结果将作为该成果的最终鉴定意见。

第三十条　对于结题材料完备并通过鉴定的课题，全国教科规划办向课题委托管理机构统一寄发课题结题证书，拨付剩余资金。

第三十一条　国家级课题在结题鉴定后，应在一年内提交已公开出版的著作，未能按时提交的，课题负责人和责任单位记入不良信誉档案。

第六章　奖励与处罚

第三十二条　实行优秀成果奖励制度，对于结题成果被专家鉴定为"优秀"的课题负责人，在后续课题申请评审时，给予增加 1 票（80 分）的倾斜政策，优先立项。

第三十三条　课题负责人应按照约定期限完成研究任务。在课题实施中，课题负责人无力继续开展研究工作的或临近资助期满未取得实质性研究进展的，责任单位应当及时提出终止课题实施的申请，报全国教科规划办批准。课题被终止实施的，退回结余经费，剩余经费不再拨付；课题负责人 5 年内不得申请或者参与申请全国教育科学规划课题。

逾期不提交最终研究成果的，撤销课题并通报批评。课题被撤销的，退回已拨付的全部资助经费，剩余经费不再拨付；课题负责人 5 年内不得申请或者参与申请全国教育科学规划课题。

第三十四条　课题成果存在严重政治问题、有窃他人科研成果或者弄虚作假等学术不端行为的，撤销课题并通报批评；追回已拨付的全部资助经费，剩余经费不再拨付；课题负责人 5 年内不得申请或者参与申请全国教育科学规划课题。

第三十五条　课题负责人所在单位应认真审核结题鉴定材料，省区市教科规划办应按照要求对教育部规划课题的结题鉴定严格把关，把关不严的，记入不良信誉档案，情节严重的，取消委托鉴定资格。

第三十六条　记入不良信誉档案的课题负责人，五年内不能申请全国教育科学规划课题记入不良信誉档案的责任单位和委托管理机构放，酌情减少申报指标，情节严重的，通报批评。

第七章　附则

第三十七条　本办法的解释权和修改权属全国教科规划办。国防军事教育学科规划课题的结题鉴定参照此办法执行。

第三十八条　本办法自发布之日起开始施行。本办法施行前的有关规定，凡与本办法不符的，均以本办法为准。

附录 G 结题鉴定书模板

| 课题批准编号 | |

×× 省教育科学规划立项课题结题・鉴定申请书
（20×× 版）

课 题 类 别：＿＿＿＿＿＿＿＿＿＿＿

学 科 分 类：＿＿＿＿＿＿＿＿＿＿＿

课 题 名 称：＿＿＿＿＿＿＿＿＿＿＿

课 题 主 持 人：＿＿＿＿＿＿＿＿＿＿＿

所 在 单 位：＿＿＿＿＿＿＿＿＿＿＿

填 表 日 期：＿＿＿＿＿＿＿＿＿＿＿

×× 省教育科学规划领导小组办公室制
20×× 年 × 月

一、基本情况

课题名称	
成果名称	

主持人姓名		课题批准时间与批准编号	
工作单位			
通讯地址			
联系电话	手机：	固定电话：	邮编
免于鉴定		电子信箱	

课题组主要成员名单（限填 15 人）

序号	姓 名	工作单位	职务和职称	承担任务
1				
2				
3				
4				
5				

二、工作报告

内容提示：本课题主要的研究过程与活动（开题、中期研讨、结题论证及学术活动等方面的情况），本课题的研究计划执行与变更情况（课题主持人、课题名称、研究内容、成果形式、管理单位、完成时间等），研究计划与研究目标完成情况。（不超过 2000 字）

一、主要研究过程与活动
（一）开题情况
（二）中期研讨情况
（三）结题论证情况
（四）学术活动情况
二、计划执行与变更情况
（一）计划执行
第一阶段：准备阶段
第二阶段：实施阶段
第三阶段：总结阶段

续表

（二）变更情况 （1）课题主持人、课题名称、研究内容、成果形式、管理单位、完成时间的变更说明。 （2）人员变化。 课题研究过程中，因为研究工作需要，增加了×××，发生了人员变化。 现课题组研究成员如下： 课题主持人：×× 主要研究人员：××…… 三、研究计划与研究目标完成情况 先说明是否完成研究目标，再说明取得的研究成果。 研究成果包括发表的论文，取得的成绩，教学水平、教师教学素养的提高，对教学产生的有益助力，研究方法、策略的创新，培训方法的总结，校本教材，研究心得，研究反思，对其他单位提供的参考价值或者社会影响均可。

三、研究报告

内容提示：研究报告内容包括问题界定、研究内容、研究目的、研究意义、理论基础、实践进展、研究方法、研究路线、研究结论或对策建议等。（1.5万字左右） 一、问题界定 二、研究内容 三、研究目的 四、研究意义 五、理论基础 六、实践进展（详细展开介绍） 七、研究方法 （一）文献研究法 （二）调查研究法 （三）观察法 （四）行动研究法 （五）经验总结法 八、研究路线 九、研究结论或对策建议 （一）研究结论 （二）存在的问题 （三）研究策略

四、课题主持人及参与者取得的阶段性研究成果

阶段性研究成果（重点课题必须填写此项）						
序号	作者	成果形式	成果名称	刊物名称/出版社	发表时间

阶段性研究成果获得奖励情况				
序号	获奖者姓名	奖励名称	获奖时间	颁发部门及颁发文件号

五、申请免于鉴定评审

申请免鉴定理由及其证明材料复印件粘贴（可加页）：

六、课题组建议回避评审的专家名单

课题组可提出可能影响评价公正性的专家并建议其回避。建议回避评审的专家人数不得超过2人。

姓名	单位	职称	建议回避评审的理由

七、课题资助经费总决算

资助总金额				元		
经费使用情况							
开支项目＼年度	年	年	年	年	年	总计
合计						

八、课题主持人所在单位审核意见

本课题研究的实施与管理是否符合×××教育科学规划立项课题管理的有关规定；成果是否达到鉴定要求；课题管理和经费使用是否符合规定。是否同意鉴定（或同意免于鉴定）。

公章

年　月　日

九、市教育科学规划办公室或高校审核意见

本课题研究的实施与管理是否符合×××教育科学规划立项课题管理的有关规定；是否同意本课题参加本次结题鉴定。

公章

年　月　日

十、课题成果公报（限6000字以内）

内容提示：课题基本信息［课题名称、批准编号、课题类别、课题主持人（姓名、专业技术职务、工作单位）、课题成员（限填15人）等］；课题研究成果与对策建议（课题研究意义和价值、主要内容、研究方法、研究结论、对策建议、主要成果与影响等）。

附件：××省教育科学规划立项课题结题鉴定申请汇总表

序号	课题编号	课题名称	主持人	工作单位	所在市	通信地址	邮政编码	联系电话	参与人	是否免鉴	是否更换主持人	如更换有无批复

申报汇总单位（公章）：

填表人：

联系电话：

审核人：

填表日期：

填表说明：

1. 参与人名单请填写完整，姓名之间用"、"号隔开（有顺序之分）。

2. "工作单位"填写单位公章全称。

3. 纸质材料需在表头处加盖申报单位（科研处）公章，电子文档请发送至××××。

附录 H 结题鉴定佐证材料模板

××省教育科学规划立项课题结题鉴定佐证材料

课 题 类 别：_____

课 题 批 准 号：_____

课 题 名 称：_____

课 题 主 持 人：_____

所 在 单 位：_____

报 送 日 期：_____

（一）课题成员变更说明

因课题研究工作实际需要，经课题组研究决定，将原课题组研究成员××同志变更为××同志，同时新纳入课题研究成员××同志。

现课题组研究成员如下：

课题主持人：××

主要研究人员：××、××……

特此说明！

××××课题组

××××年×月

（二）课题研究计划

（三）课题管理办法

（四）开题报告

（五）中期报告

（六）课题研究总报告

（七）实践过程记录

1. 课题组会议记录

2. 课题组活动记录

（八）调查问卷

调查问卷可以有多份，设计问题适当，调查对象应全面且有针对性。

（九）调查问卷分析报告

（十）课题案例

（十一）课题成员研究反思

（十二）课题成员研究心得

（十三）附录（获奖照片、活动照片、发表期刊图片、校本教材等一些佐证成果和推广实践的积累图片分类整理）

附表：鉴定材料统计表（完成收集打"√"）

题目	完成	时间	数目	其他题目添加	完成	时间	数目
立项通知书				发表论文			
文献综述				研究成果			
研究计划表				培训记录			
开题报告							
中期报告							
结题报告							
会议记录							
活动记录							
教学设计							
教学案例							
课题反思							
课题心得							
校本教材							
校本课程							
调查问卷							
调查报告							
证书图片							
期刊图片							
活动图片							

课题记录本

林 婧 著

中国水利水电出版社
www.waterpub.com.cn
·北京·

目 录

基础信息	01
研究计划	02
常用信息	03
课题成员变更说明	03
负责人和课题组主要成员近五年来承担的重要研究课题	03
成果统计	04
研究记录	05
选择题目	10
研究背景	11
研究意义	11
创新之处	11
研究假设	12
研究目标	12
研究内容	12
研究方法	13
研究思路	13
技术路线图	13
研究界定	14
研究结论	14
研究对策	14
研究过程	15

参考文献……	15
文献阅读笔记……	16
任务记录（　　）	26
＿＿＿＿＿＿开题会议……	35
＿＿＿＿＿＿研讨会……	36
活动记录……	44
调查问卷设计……	52
《　　　　》校本教材……	56
《　　　　》校本课程……	57
鉴定材料统计表（完成收集打"√"）……	59

基础信息

课题名称						
关键词						
选题依据		指南题号			申报类别	
研究类型	基础理论研究□		应用性研究□		综合性研究□	
负责人姓名		职务			联系电话	
工作单位				课题信箱		

	姓 名	专业职务	工作职务	技能专长	学年
主要参加者					

预期最终时间		预期完成成果	

01

研究计划

时间（阶段月份）	研究步骤	具体任务与成员分工
第一阶段课题初始阶段 （　　至　　）		
第二阶段课题操作阶段 （　　至　　）		
第三阶段总结阶段 （　　至　　）		

常用信息

有课人员	周一	周二	周三	周四	周五
第1节					
第2节					
第3节					
第4节					
第5节					
第6节					
第7节					

课题成员变更说明

因课题研究工作实际需要，经课题组研究决定，将原课题组研究成员 _____ 同志变更为 _____ 同志，同时新纳入课题研究成员 _____ 同志。现课题组研究成员如下：

课题主持人：_____

主要研究人员：_____

特此说明！

课题组
年　　月

负责人和课题组主要成员近五年来承担的重要研究课题

课题名称	课题类别	批准时间	批准单位	完成情况

成果统计

阶段性研究成果（重点课题必须填写此项）					
序号	作者	成果形式	成果名称	刊物名称/出版社	发表时间

阶段性研究成果获得奖励情况			
序号	获奖者姓名	奖励名称	获奖时间	颁发部门及颁发文件号

最终研究成果	必含课题研究总报告		
序号	完成时间	最终成果名称	成果形式	负责人

研究记录

| 遇到什么问题： | 怎么解决这个问题： |

| 需要什么资料： | 可以请教的人员： |

| 数据采集方案： | 可以做的事： |

改进之处：

备注：

研究记录

遇到什么问题：

怎么解决这个问题：

需要什么资料：

可以请教的人员：

数据采集方案：

可以做的事：

改进之处：

备注：

研究记录

| 遇到什么问题： | 怎么解决这个问题： |

| 需要什么资料： | 可以请教的人员： |

| 数据采集方案： | 可以做的事： |

改进之处：

备注：

研究记录

遇到什么问题：

怎么解决这个问题：

需要什么资料：

可以请教的人员：

数据采集方案：

可以做的事：

改进之处：

备注：

研究记录

| 遇到什么问题： | 怎么解决这个问题： |

| 需要什么资料： | 可以请教的人员： |

| 数据采集方案： | 可以做的事： |

改进之处：

备注：

选择题目

研究背景

国外：

国内：

省内：

研究意义

理论意义：

实践意义：

创新之处

课题前期制定：

课题后期调整：

研究假设

课题前期制定：

课题后期调整：

研究目标

学术目标：

工作目标：

育人目标：

研究内容

课题前期制定：

课题后期调整：

研究方法

方法一：

方法二：

方法三：

研究思路

技术路线图

研究界定

课题前期制定：

课题后期调整：

研究结论

研究对策

研究过程

参考文献

文献阅读笔记

日期：

题目		作者		精读 / 泛读	
来源					
关键词					

文献简述：

研究背景：

研究意义：

研究目的：

研究方法：

研究内容：

研究结论：

创新之处：

可借鉴之处：	可改进之处：

阅读收获（一句话总结）

该文用了＿＿＿＿＿＿＿＿＿＿＿＿＿＿＿＿＿＿＿＿＿＿＿＿＿＿方法，

得到了＿＿＿＿＿＿＿＿＿＿＿＿＿＿＿＿＿＿＿＿＿＿＿＿＿＿结论。

文献阅读笔记

日期：

题目		作者		精读/泛读	
来源					
关键词					
文献简述： 研究背景： 研究意义： 研究目的： 研究方法： 研究内容： 研究结论：					
创新之处：					
可借鉴之处：				可改进之处：	
阅读收获（一句话总结） 该文用了_____方法， 得到了_____结论。					

文献阅读笔记

日期：

题目		作者		精读/泛读	
来源					
关键词					

文献简述：

研究背景：

研究意义：

研究目的：

研究方法：

研究内容：

研究结论：

创新之处：

可借鉴之处：	可改进之处：

阅读收获（一句话总结）

该文用了_____方法，

得到了_____结论。

文献阅读笔记

日期：

题目		作者		精读/泛读	
来源					
关键词					

文献简述：

研究背景：

研究意义：

研究目的：

研究方法：

研究内容：

研究结论：

创新之处：

可借鉴之处：	可改进之处：

阅读收获（一句话总结）

该文用了＿＿＿＿＿＿＿＿＿＿＿＿＿＿＿＿＿＿＿＿＿＿＿＿＿＿＿方法，

得到了＿＿＿＿＿＿＿＿＿＿＿＿＿＿＿＿＿＿＿＿＿＿＿＿＿＿＿＿结论。

文献阅读笔记

日期：

题目		作者		精读 / 泛读	
来源					
关键词					

文献简述：

研究背景：

研究意义：

研究目的：

研究方法：

研究内容：

研究结论：

创新之处：

可借鉴之处：	可改进之处：

阅读收获（一句话总结）

该文用了_____方法，

得到了_____结论。

文献阅读笔记

日期：

题目		作者		精读/泛读	
来源					
关键词					
文献简述： 研究背景： 研究意义： 研究目的： 研究方法： 研究内容： 研究结论：					
创新之处：					
可借鉴之处：			可改进之处：		
阅读收获（一句话总结） 该文用了_____方法， 得到了_____结论。					

21

文献阅读笔记

日期：

题目		作者		精读/泛读	
来源					
关键词					

文献简述：

研究背景：

研究意义：

研究目的：

研究方法：

研究内容：

研究结论：

创新之处：

可借鉴之处：	可改进之处：

阅读收获（一句话总结）

该文用了_____方法，

得到了_____结论。

文献阅读笔记

日期：

题目		作者		精读/泛读	
来源					
关键词					

文献简述：

研究背景：

研究意义：

研究目的：

研究方法：

研究内容：

研究结论：

创新之处：		
可借鉴之处：		可改进之处：
阅读收获（一句话总结） 该文用了_____方法， 得到了_____结论。		

文献阅读笔记

日期：

题目		作者		精读/泛读	
来源					
关键词					

文献简述：

研究背景：

研究意义：

研究目的：

研究方法：

研究内容：

研究结论：

创新之处：

可借鉴之处：	可改进之处：

阅读收获（一句话总结）

该文用了_____方法，

得到了_____结论。

文献阅读笔记

日期：

题目		作者		精读 / 泛读	
来源					
关键词					
文献简述： 研究背景： 研究意义： 研究目的： 研究方法： 研究内容： 研究结论：					
创新之处：					
可借鉴之处：			可改进之处：		
阅读收获（一句话总结） 该文用了_____方法， 得到了_____结论。					

25

任务记录（　　　）

现阶段任务		负责人员		时间起始	

任务简介：

任务目标：	是否达成目标：

主要实践：

阶段性成果：

改进之处：	备注：

任务记录（　　　）

现阶段任务		负责人员		时间起始	

任务简介：

任务目标：	是否达成目标：

主要实践：

阶段性成果：

改进之处：	备注：

任务记录（　　）

现阶段任务		负责人员		时间起始	
任务简介：					
任务目标：				是否达成目标：	
主要实践：					
阶段性成果：					
改进之处：			备注：		

任务记录（　　）

现阶段任务		负责人员		时间起始	
任务简介：					
任务目标：				是否达成目标：	
主要实践：					
阶段性成果：					
改进之处：			备注：		

任务记录（　　　）

现阶段任务		负责人员		时间起始	
任务简介：					
任务目标：				是否达成目标：	
主要实践：					
阶段性成果：					
改进之处：				备注：	

任务记录（　　　）

现阶段任务		负责人员		时间起始	
任务简介：					
任务目标：				是否达成目标：	
主要实践：					
阶段性成果：					
改进之处：				备注：	

任务记录（　　）

现阶段任务		负责人员		时间起始	
任务简介：					
任务目标：				是否达成目标：	
主要实践：					
阶段性成果：					
改进之处：				备注：	

任务记录（　　）

现阶段任务		负责人员		时间起始	
任务简介：					
任务目标：				是否达成目标：	
主要实践：					
阶段性成果：					
改进之处：				备注：	

任务记录（　　）

现阶段任务		负责人员		时间起始	

任务简介：

任务目标：　　　　　　　　　　　　　　　是否达成目标：

主要实践：

阶段性成果：

改进之处：　　　　　　　　　　备注：

任务记录（　　）

现阶段任务		负责人员		时间起始	

任务简介：

任务目标：　　　　　　　　　　　　　　　是否达成目标：

主要实践：

阶段性成果：

改进之处：　　　　　　　　　　备注：

任务记录（　　）

现阶段任务		负责人员		时间起始	
任务简介：					
任务目标：				是否达成目标：	
主要实践：					
阶段性成果：					
改进之处：				备注：	

任务记录（　　）

现阶段任务		负责人员		时间起始	
任务简介：					
任务目标：				是否达成目标：	
主要实践：					
阶段性成果：					
改进之处：				备注：	

任务记录（　　　）

现阶段任务		负责人员		时间起始	
任务简介：					
任务目标：				是否达成目标：	
主要实践：					
阶段性成果：					
改进之处：			备注：		

任务记录（　　　）

现阶段任务		负责人员		时间起始	
任务简介：					
任务目标：				是否达成目标：	
主要实践：					
阶段性成果：					
改进之处：			备注：		

任务记录（   ）

现阶段任务		负责人员		时间起始	
任务简介：					
任务目标：				是否达成目标：	
主要实践：					
阶段性成果：					
改进之处：				备注：	

任务记录（   ）

现阶段任务		负责人员		时间起始	
任务简介：					
任务目标：				是否达成目标：	
主要实践：					
阶段性成果：					
改进之处：				备注：	

任务记录（　　　）

现阶段任务		负责人员		时间起始	

任务简介：

任务目标：	是否达成目标：

主要实践：

阶段性成果：

改进之处：	备注：

任务记录（　　　）

现阶段任务		负责人员		时间起始	

任务简介：

任务目标：	是否达成目标：

主要实践：

阶段性成果：

改进之处：	备注：

_____ 开题会议　　时间：　　　地点：

评议专家（不少于两人）：　　　会议主持人：

参与者：

会序：

专家评议要点（侧重对课题组汇报要点逐项进行可行性评估，并提出建议）

可行性评估：	建议：

_____ 研讨会　　时间：　　　地点：

参会人员：
_____

会议记录：
_____
_____
_____
_____
_____
_____
_____

会议任务：
_____
_____
_____
_____
_____

备注：
_____
_____
_____
_____
_____

_____ 研讨会 　　时间：　　　地点：

参会人员：

会议记录：

会议任务：

备注：

_____ 研讨会　　时间：　　地点：

参会人员：

会议记录：

会议任务：

备注：

_____ 研讨会　　时间：　　　地点：

参会人员：

会议记录：

会议任务：

备注：

_____ 研讨会　　时间：　　地点：

参会人员：
_____

会议记录：
_____
_____
_____
_____
_____
_____

会议任务：
_____
_____
_____
_____
_____
_____

备注：
_____
_____
_____
_____
_____
_____

_____ 研讨会　　时间：　　　地点：

参会人员：

会议记录：

会议任务：

备注：

_____ 研讨会　　时间：　　　地点：

参会人员：

会议记录：

会议任务：

备注：

_____ 研讨会　　时间：　　　　地点：

参会人员：

会议记录：

会议任务：

备注：

活动记录

活动主题		活动地点		活动时间	

活动人员：

活动目标：

活动过程：

活动成果：

活动评价：

活动反思：

活动记录

活动主题		活动地点		活动时间	
活动人员：					
活动目标：					
活动过程：					
活动成果：					
活动评价：					
活动反思：					

活动记录

活动主题		活动地点		活动时间	

活动人员：

活动目标：

活动过程：

活动成果：

活动评价：

活动反思：

活动记录

活动主题		活动地点		活动时间	

活动人员：

活动目标：

活动过程：

活动成果：

活动评价：

活动反思：

活动记录

活动主题		活动地点		活动时间	
活动人员：					
活动目标：					
活动过程：					
活动成果：					
活动评价：					
活动反思：					

活动记录

活动主题		活动地点		活动时间	

活动人员：

活动目标：

活动过程：

活动成果：

活动评价：

活动反思：

活动记录

活动主题		活动地点		活动时间	

活动人员：

活动目标：

活动过程：

活动成果：

活动评价：

活动反思：

活动记录

活动主题		活动地点		活动时间	

活动人员：

活动目标：

活动过程：

活动成果：

活动评价：

活动反思：

调查问卷设计　　　设计人：　　　日期

发放方式		发放时间		发放地点	

研究目的和问题：

目标受众：

问题类型：

问卷结构：

题目设置（避免主观性和引导性语言，考虑问题的顺序和逻辑）

备注：

调查问卷分析　　分析人：　　日期

数据表达方法(图\表\文字)：

数据统计：

数据分析：

结论与建议：

讨论与展望：

参考文献：

调查问卷设计　　　设计人：　　　日期

发放方式		发放时间		发放地点	
研究目的和问题：					
目标受众：					
问题类型：					
问卷结构：					

题目设置（避免主观性和引导性语言，考虑问题的顺序和逻辑）

备注：

调查问卷分析　　分析人：　　日期

数据表达方法(图\表\文字)：

数据统计：

数据分析：

结论与建议：

讨论与展望：

参考文献：

《　　　　　　　》校本教材　　　完成时间

教材主题		授课对象		负责人	
教材目录预设计：			最终目录：		

章节任务拆分：	负责人员：

所需资料：		使用效果：
背景：	特色：	其他要求：

排版负责人		费用	

《   》校本课程   设计日期

| 课程对象 | | 授课人员 | |

课程目标:

课程内容:

教学方法:

课程计划:

课程评价:

课程改进:

备注:

常用工具	优点	用途简单说明	位置

鉴定材料统计表(完成收集打"√")

题目	完成	时间	数目	其他题目添加	完成	时间	数目
立项通知书				发表论文			
文献综述				研究成果			
研究计划表				培训记录			
开题报告							
中期报告							
结题报告							
会议记录							
活动记录							
教学设计							
教学案例							
课题反思							
课题心得							
校本教材							
校本课程							
调查问卷							
调查报告							
证书图片							
期刊图片							
活动图片							